पत्र-लेखन सीखने का सरल एवं आधुनिक कोर्स

सामाजिक एवं सार्वजनिक पत्र

अरुण सागर 'आनन्द'

वी एण्ड एस पब्लिशर्स

प्रकाशक

वी एण्ड एस पब्लिशर्स

F-2/16, अंसारी रोड, दरियागंज, नई दिल्ली-110002
☎ 23240026, 23240027 • फैक्स: 011-23240028
E-mail: info@vspublishers.com • *Website:* www.vspublishers.com

क्षेत्रीय कार्यालय : हैदराबाद
5-1-707/1, ब्रिज भवन (सेन्ट्रल बैंक ऑफ इण्डिया लेन के पास)
बैंक स्ट्रीट, कोटी, हैदराबाद-500 095
☎ 040-24737290
E-mail: vspublishershyd@gmail.com

शाखा : मुम्बई
जयवंत इंडस्ट्रिअल इस्टेट, 2nd फ्लोर - 222,
तारदेव रोड अपोजिट सोबो सेन्ट्रल मॉल, मुम्बई - 400 043
☎ 022-23510736
E-mail: vspublishersmum@gmail.com

फ़ॉलो करें:

हमारी सभी पुस्तकें **www.vspublishers.com** पर उपलब्ध हैं

प्रकाशकीय

वी एण्ड एस पब्लिशर्स पिछले अनेक वर्षों से जनहित एवं आत्मविकास की पुस्तकें प्रकाशित करते आ रहे हैं। पुस्तक प्रकाशन की नवीन कड़ी में इस बार हमने सामाजिक एवं सार्वजनिक पत्र प्रकाशित किया है।

प्रस्तुत पुस्तक में सभी प्रकार के सामाजिक एवं सार्वजनिक पत्रों की रूपरेखा (नमूने) दिए गए हैं। पुस्तक में शामिल इन पत्रों को पढ़कर हमारे पाठक बड़ी आसानी से अपनी आवश्यकता अनुसार सामाजिक अथवा शासकीय पत्र लिख सकते हैं। सम्पूर्ण पुस्तक की भाषा आसान एवं सहज रखी गई है, ताकि छात्रों एवं पाठकों को पत्र–व्यवहार में किसी प्रकार की कठिनाई नहीं हो।

हम आशा करते हैं कि हमारे पाठक इस पत्र से अवश्य लाभान्वित होंगे। पुस्तक में पायी जाने वाली किसी त्रुटि अथवा आपके किसी बहुमूल्य सुझाव हेतु आपके पत्र हमारे पते अथवा ईमेल पर सादर आमंत्रित हैं।

प्रस्तावना

आज हमारे बीच जनसंचार के विविध माध्यम उपलब्ध हैं। नयी तकनीक का विकास हुआ है और सम्पर्क–सूत्र निरन्तर विस्तार पा रहे हैं। इस सबके बीच पत्र–लेखन का अपना महत्त्व है। टेलीफ़ोन और ई–मेल जैसी सुविधाओं के बावजूद व्यावहारिक स्तर पर व्यक्तिगत, पारिवारिक और सामाजिक पत्रों का आदान–प्रदान होता रहता है। जिस तरह रेडियो और टेलीविज़न के आने के बाद भी पुस्तकों का महत्त्व कम नहीं हुआ, उसी तरह विविध संचार माध्यमों के बीच पत्र–लेखन का महत्त्व कम नहीं हुआ है।

वास्तव में, हमारे जीवन में पत्र–लेखन का अत्यन्त महत्त्व है। सामाजिक प्राणी होने के नाते सामाजिक सम्बन्ध बनाये रखना मानव–जीवन के लिए स्वाभाविक है। पत्र–द्वारा ही व्यक्ति सरलता से अपने उद्गारों का आदान–प्रदान करता है। राज–भाषा होने के नाते आज हिन्दी का व्यावहारिक क्षेत्र बढ़ गया है। परिणाम स्वरूप पत्र–व्यवहार भी हिन्दी में हो रहा है।

प्रस्तुत पुस्तक में सरल और व्यावहारिक भाषा में पत्र–व्यवहार करने की जानकारी दी गई है, जिसे व्यक्ति अपने सामाजिक एवं सार्वजनिक काम–काज के दौरान पत्र–व्यवहार करता है।

इस पुस्तक में पत्र के विविध रूपों के अधिक–से–अधिक नमूने इसलिए दिये गये हैं, ताकि विद्यार्थी सहजता से इन नमूनों के आधार पर स्वतन्त्र रूप से पत्र–लेखन की कला में माहिर हो सकें।

यह पुस्तक एक मार्गदर्शिका की तरह है, जिसके आधार पर सामाजिक एवं सार्वजनिक पत्रों के स्वरूप का ज्ञान होता है और उसे अपनी आवश्यकतानुसार लिखा जा सकता है। हमें उम्मीद है कि यह पुस्तक पत्र–लेखन के व्यापक सन्दर्भ को अंकित करते हुए पत्र–लेखन से जुड़े सामान्य जन और विविध सरकारी, ग़ैर सरकारी संस्थानों में कार्यरत अधिकारियों और कर्मचारियों के अलावा निजी प्रतिष्ठानों, गृहिणियों, मार्केटिंग करने वाले युवाओं को लाभान्वित करेगी।

प्रस्तुत पुस्तक को और अधिक उपयोगी बनाने के लिए प्रबुद्ध पाठकों के बहुमूल्य सुझावों का स्वागत है।

– अरुण सागर 'आनन्द'

समर्पण

यह पुस्तक वी एण्ड पब्लिशर्स के
युवा डायरेक्टर श्री साहिल गुप्ता जी
को समर्पित है, जिन्होंने अपना कीमती वक्त
निकालकर मूल पाण्डुलिपि को पढ़ा और
अपने अमूल्य सुझाव दिये।

विषय-सूची

भाग-1
पत्र लेखन से पहले

1

पत्र लेखन

आज पत्र–लेखन सामाजिक ज़िंदगी का एक ज़रूरी अंग बन गया है। बिना पत्रों के जीवन का कोई अर्थ नहीं है, क्योंकि आज व्यक्ति का सम्बन्ध सारे संसार से जुड़ चुका है। उसके पास न तो इतना समय है, और न ही इतनी गुंजाइश है कि वह हर एक से मिल सके और अपने आवश्यक कार्यों के लिए प्रत्यक्ष रूप से जुड़ सके।

पत्र–व्यवहार की प्रथा काफ़ी पुरानी है, पहले के ज़माने में कबूतरों आदि पक्षियों के द्वारा भी पत्र भेजे जाने का उल्लेख शास्त्रों में मिलता है। उस समय सामान्य जनता के लिए डाक जैसी आधुनिक संसाधनों की व्यवस्था नहीं थी पर आज वह बात नहीं है। युग बीत गया लेकिन पत्र की यात्रा का न तो अन्त हुआ है और न ही कभी होगा। अपनी भावनाओं का प्रकट करने का सबसे सीधा सरल और उत्तम साधन पत्र ही हैं, इसलिए इसे *''स्नेह दूत''* भी कहा जाता है।

पत्र आदमी के एकाकीपन के संवाद का सच्चा साथी है। व्यक्ति समाज से अलग रहकर भी, पत्र के द्वारा अपनी अभिव्यक्ति को उजागर कर सकता है। मनोवैज्ञानिक अध्ययन–अनुसंधान–विश्लेषणों से यह बात सामने आयी है कि–

- हर आदमी जो सोचता है, उसे वह सुरक्षित भी रखना चाहता है तथा दूसरों को भी उसे सुनाना चाहता है। यह ज़रूरी नहीं है कि जो उसने सोचा है, उसे सुनने वाले पात्र उसके आस–पास हों। इसलिए वह पत्र के माध्यम से अपनी सोच को अभिव्यक्त करता है।
- लम्बे समय तक जेल में सजा काट रहे कैदियों से सम्पर्क करने पर यह बात सामने आयी कि पत्र–व्यवहार से उनकी सोच धारदार तथा असरदार हुई हैं। यदि वे अपने सगे–सम्बन्धियों से पत्र–व्यवहार नहीं करते, तो उनकी सोच कुंद हो जातीं।
- पंडित जवाहर लाल नेहरू द्वारा अपनी पुत्री इन्दिरा गाँधी को लिखे पत्र आज एक ऐतिहासिक कृति बन चुके हैं। उनकी उपयोगिता मात्र नेहरू परिवार के लिए नहीं, बल्कि सभी के लिए है। महान् व्यक्तियों के पत्रों के संकलन इसी दृष्टि से किताब के रूप में संकलित किये जाते हैं। चाहे वे पत्र लेनिन, चर्चिल, मुसोलिनी, नेपोलियन, हिटलर, अब्राहम लिंकन आदि किसी के भी हों, उनमें अपने समय का इतिहास जीवंत है।
- पत्र–लेखन व्यक्ति को उत्तेजना, आवेग, क्रोध आदि स्थितियों से बचाता है। कहते हैं अब्राहम लिंकन जब किसी पर क्रोधित होते थे, तब वे पत्र लिखते थे और अपना सारा गुस्सा अपनी लेखनी के माध्यम से काग़ज़ों पर उतारा करते थे, लेकिन वे ऐसे पत्र सम्बन्धित व्यक्ति को कभी भेजते नहीं थे। बाद में जब वे अपने ख़तों को पढ़ा करते थे, तब उन्हें महसूस होता था कि क्रोध एक ऐसी आंधी है, जो अक़्ल के चिराग़ों को गुल कर देती है। इस प्रकार पत्र–लेखन व्यक्ति के संतुलन को कायम रखने में भी सशक्त भूमिका निभाता है।
- कोई भी व्यक्ति यदि अपने दुःख को दूसरों के सामने प्रत्यक्ष रूप से ज़ाहिर करना चाहे, तो दूसरे लोग उसके दुःख को नहीं समझ पाते, और 'लिप्स सिम्पैथी' (दिखावे की सहानुभूति) का ढोंग करके

उसकी बात एक कान से सुनते हैं, तो दूसरे कान से निकाल देते हैं, जबकि पत्रों द्वारा व्यक्त किये गये आदमी के दुःख को पढ़ने वाला न केवल समझता है, बल्कि उसके दुःख को दूर करने का प्रयास भी करता है।

☐ पत्र व्यक्ति के सामाजिक सम्बन्धों को पुख्ता करते हैं। इस तरह सामाजिक सम्बन्धों की दूरियाँ सिमट कर एकाकार होने लगती हैं।

☐ पत्र द्वारा दो अनजाने व्यक्तियों में, जो आपस में कभी नहीं मिले, गहरे और मधुर सम्बन्ध स्थापित हो सकते हैं। 'पेन फ्रेन्ड्स' (पत्र-मित्र) से बने रिश्ते आपसी सम्बन्धों के बेमिसाल उदाहरण हैं।

इसके अतिरिक्त व्यावसायिक पत्रों के माध्यम से भी दो देशों के सम्बन्धों में प्रगाढ़ता बढ़ती है। व्यवसाय दो समाजों को, उनकी सभ्यता और संस्कृति को पास लाने का कार्य करता है। व्यापार दो देशों की समृद्धि का भी आधार बनता है। ऐसे पत्रों से दोनों देशों के लोगों में एक दूसरे को जानने की जिज्ञासा पैदा होती है। जिन देशों में व्यावसायिक समझ आपसी हितों को ध्यान में रखकर पनपती है, इतिहास गवाह है, उनमें सामाजिक, सांस्कृतिक आदि सम्बन्ध गहरे और अटूट बने हैं। यही बात देश के अंदर विकसित व्यापार के सम्बन्ध में भी सही साबित होती है।

वास्तव में, पत्रों का भी एक समाज है। वह समाज विकास की यात्रा का प्रतीक है। सामाजिक धर्म में उनकी आज महत्त्वपूर्ण भूमिका है। किसी जाति, देश आदि के पत्रों के अध्ययन से उसका अध्ययन सहज किया जा सकता है।

इससे एक बात और सामने आती है कि पत्र-लेखन एकाकी नहीं है, उसका सम्बन्ध अपने समय के पूरे समाज से है। उसके द्वारा उस समय के आम और ख़ास इतिहास का भी सहज पता लगता है। इसलिए पत्र लिखते समय अधिक सावधान रहने की ज़रूरत है। इस दृष्टि से नीचे कुछ सुझाव प्रस्तुत किये जा रहे हैं, जिन्हें ध्यान में रखकर पत्र-लेखन करना चाहिए।

☐ पत्र में ऐसा कुछ भी नहीं लिखना चाहिए, जिससे समाज में संकट की स्थिति पैदा हो।

☐ पत्र में एक-दूसरे के हितों का पूर्ण रूप से वर्णन होना चाहिए।

☐ पत्र लिखने से पहले उस व्यक्ति को सम्बन्धित देश/समाज की सभ्यता, संस्कृति और समाज का अच्छी तरह से अध्ययन कर लेना चाहिए। अगर हो सके तो उस देश/समाज की स्थानीय भाषा की प्रिय शब्दावली अथवा शब्द या वाक्यांश का प्रयोग भी करना चाहिए। ये बातें पढ़ने वाले को विशेष रूप से प्रभावित करती हैं।

☐ पत्र का आधार मानव जाति का हितचिंतन होना चाहिए न कि राजनीति।

☐ पत्र में निरर्थक बातों का ज़िक्र बिलकुल नहीं करना चाहिए।

☐ पत्र की भाषा सरल व सहज होनी चाहिए।

☐ पत्र लिखने का सहज मनोविज्ञान यही है कि पत्र में बनावटीपन के बजाय सरल व संदेह रहित मानसिकता का वर्णन होना चाहिए।

☐ पत्र संक्षिप्त तथा सटीक होने चाहिए। उसमें स्पष्टता के साथ-साथ बात की गहराई को समझ पाने की क्षमता होनी चाहिए।

पत्र-लेखन : एक कला

पत्र-लेखन का हमारे जीवन के हर पहलू पर प्रभाव पड़ता है, चाहे वह व्यक्तिगत हो या सामाजिक। दैनिक व्यवहार से लेकर हमारे जीवन तथा जीवन से सम्बन्ध रखने वाली विभिन्न समस्याओं का स्पष्टीकरण हमारे पत्रों में मिलता है। किसी व्यक्ति विशेष का अध्ययन करने के लिए यह आवश्यक है कि उसके जीवन में लिखे गये उसके पत्रों का अध्ययन किया जाये। उन पत्रों में समय-समय पर उसके हृदय तथा मस्तिष्क में आने वाली भावनाओं तथा विचारधाराओं का स्पष्टीकरण मिलता है। यही पत्र उसके जीवन का वह दर्पण है कि जिसमें उसके व्यक्तित्व का स्वरूप स्पष्ट रूप से दिखायी देता है। इस दर्पण में से लेखक की मनोवृत्तियाँ, उसकी आकांक्षाएँ, उसके जीवन की कठिनाइयाँ, उसकी विचारधाराएँ, उसकी प्रगति, उसके जीवन का मानसिक विकास तथा अन्य कई कार्य चित्रित हो उठते हैं। किसी भी व्यक्ति का यह निखरा हुआ चित्र उसके पत्रों के अतिरिक्त उसकी किसी अन्य रचना अथवा मौखिक वार्तालाप से प्राप्त नहीं हो सकता।

इसमें कोई दो राय नहीं कि आज के व्यक्ति का जीवन पत्रमय हो गया है। पत्रों के बिना वह एक दिन नहीं रह सकता। उसकी मित्रता, उसके सम्बन्ध, उसका व्यवहार, उसका व्यवसाय, राजनीति तथा धर्म इत्यादि यह सब बिना पत्र-लेखन के चल नहीं सकता। आज हमारे जीवन में कार्य-क्षेत्र में सफलता और असफलता पत्र-लेखन पर ही निर्भर करता है। जो व्यक्ति इस कला में जितना भी अधिक दक्ष होगा, वह अपने जीवन की नौका को संसार-सागर में खेने के लिए उतनी ही दक्षता से पतवार संभाल सकेगा।

हमारे जीवन में पत्र-लेखन का कार्य विद्यार्थी-जीवन से ही शुरू हो जाता है। एक विद्यार्थी अपने माता-पिता, गुरुजन तथा साथियों को पत्र लिखता है। यह पत्र अलग-अलग विषयों पर लिखे जाते हैं और विभिन्न विचारधाराओं से युक्त होते हैं। इनमें भावनात्मक तथा विचारात्मक बातों की अभिव्यक्ति होती है।

जीवन जैसे-जैसे प्रौढ़ता की ओर अग्रसर होता है, वैसे-वैसे जीवन में स्नेह, ममता और प्रेम का स्रोत प्रेम की कहानियों में प्रवाहित होने लगता है।

व्यक्ति के जहाँ तक व्यक्तिगत जीवन का सम्बन्ध है, उसमें केवल प्रेम-पत्रों की प्रधानता रहती है। इन पत्रों में लेखन के जीवन का सार निचोड़कर सामने आ जाता है और उसकी कल्पना, भावना तथा विचारधारा का ऐसा सम्मिश्रण मिलता है कि वह पत्र उसके जीवन की अमूल्य निधि बनकर रह जाता है।

तत्पश्चात् व्यक्ति अपने व्यावहारिक जीवन में प्रवेश करता है और भावना तथा कल्पना के क्षेत्र से निकलकर अपने कार्य-क्षेत्र में सक्रिय हो जाता है। जो व्यक्ति नौकरी आदि में चले जाते हैं, उनका पत्र-लेखन का क्षेत्र सीमित रह जाता है। उनके पत्र व्यक्तिगत ही रहते हैं, व्यवहारगत नहीं, परन्तु व्यापार-क्षेत्र में पदार्पण करने वाले व्यक्तियों को पत्र-लेखन के अथाह सागर में तैरना होता है। तरह-तरह के व्यापारों और व्यवसायों में तरह-तरह की कला-कुशलता से काम लेना होता है और जब तक व्यापारी अपनी उस कला-कुशलता का सजीव चित्र अपने पत्रों में सफलतापूर्वक अंकित करने में सफल नहीं होता, तब तक वह अपने उद्देश्य की पूर्ति भी नहीं कर सकता। अतः सफल व्यापारी होने के लिए उससे पहले सफल पत्र-लेखक होना चाहिए।

अगर आप पत्र-लेखन कला में निपुण होना चाहते हैं तो आपको निम्न बातों पर विशेष रूप से ध्यान देना चाहिए—

❏ पत्र की सामग्री या मैटर क्रमानुसार, संक्षिप्त, तर्कसंगत एवं स्पष्ट हो।

❏ पत्र का स्वरूप और विषय का प्रस्तुतीकरण विज्ञानपरक होना चाहिए, भावुकता से युक्त नहीं। अफ़सर और व्यवसाय से जुड़े मैनेजर वर्ग की भाषा और विषय दोनों ही अंकात्मक गणित को लेकर चलते हैं। उनकी समझ ठोस यथार्थात्मक और बिन्दुपरक (To the Point) होती है। उनमें बुद्धि का कौशल होता है और पैना दृष्टिकोण भी। 'विट' (wit) का भी उनमें अच्छा प्रयोग होता है।

❏ पत्र को सन्दर्भ और प्रसंग के साथ अवश्य देखना चाहिए। कई बार ऐसा होता है कि पत्र में मुख्य बात रह जाती है, या स्पष्ट नहीं हो पाती है अथवा नये संशय को जन्म देने वाली बन जाती है। जो पत्र प्रषित किया जा रहा है, एक बार उसे उस रूप में पढे जैसे दूसरी पार्टी हों–वह पार्टी जिसे आप पत्र लिख रहे हैं। आप जब उसकी स्थिति में जायेंगे और पत्र का वाचन मन ही मन स्वयं करेंगे तो आपमें उससे सम्बन्धित प्रतिक्रियाएँ जन्म लेंगी। कई बार इस तथ्य को अनदेखा करने से बनती बात बिगड़ जाती है। व्यक्तिगत पत्रों में यह गड़बड़ अधिक होती है।

❏ पत्र उत्तेजना में न तो कभी लिखें और न ही लिखवाएँ। ऐसे में गलती करने की सम्भावना अधिक रहती है। यह भी सम्भव है कि आपने पत्र उत्तेजना की स्थिति में पढ़ा हो और उस सन्दर्भ/प्रसंग में लिखे गये अपने पत्रों का पुनः ध्यान से अवलोकन न किया हो ।

❏ सदा अपनी 'गुडविल' (साख) बनाये रखें। दूसरी पार्टी को अनुभव हो कि वह पार्टी कितनी शालीन, शिष्ट और सहनशील है।

पत्र को सन्तुलित, सटीक और संक्षिप्त बनाना चाहिए। यही मर्यादित भी होता है।

३

पत्र लेखन से पहले

किसी भी पत्र को पूर्ण कर लेना पत्र–लेखन नहीं होता, क्योंकि यह एक ऐसा दर्पण है, जिसमें पत्र लिखने वाले की सोच–प्रक्रिया ही नहीं बल्कि उसका व्यक्तित्त्व भी प्रतिबिम्बित होता है। माता–पिता, भाई–बहन, मित्रों और परिचितों के पत्र को पढ़ते समय जब यह आभास होने लगे कि हम प्रत्यक्षः मिल रहे हैं, तभी पत्र–लेखन की सार्थकता समझनी चाहिए।

व्यक्तिगत और सामाजिक क्षेत्रों के अतिरिक्त व्यापारिक क्षेत्रों में भी हमारी प्रगति पत्र–व्यवहार के कौशल पर निर्भर करती है। कुशल पत्र–व्यवहार के ज़रिये व्यापार में वृद्धि के साथ–साथ जीवन के अनेक अभिप्रायों को सिद्ध किया जा सकता है।

प्रभावशाली पत्र–व्यवहार के लिए अभ्यास की निरन्तर आवश्यकता है। विश्वविख्यात पत्र लेखकों की मान्यता है–"*पत्र लिखना एक कला है और जिस किसी को इस कला में निपुणता प्राप्त है, वह जीवन में इस कला के कारण जो अतिरिक्त लाभ प्राप्त कर लेता है, उस लाभ से वे लोग वंचित रह जाते हैं, जो इसके ज्ञाता नहीं है।*"

पत्र लेखन से पहले पाठकों को निम्नलिखित बातों का ध्यान रखना चाहिए–

स्पष्टता (Clarity)

पत्र लिखते समय उसका अभिप्राय स्पष्ट होना चाहिए। पत्र सीधी, सरल एवं सहज भाषा में लिखा जाना चाहिए, जिससे पाठक आसानी से उसका आशय समझ जाये। ऐसा न हो कि कहने वाला कुछ और कहे और पढ़ने वाला उसका अर्थ कुछ और लगाये।

पूर्णता (Fullness/Absoluteness)

स्पष्टता के साथ–साथ पत्र अपने आप में पूर्ण भी होना चाहिए, क्योंकि अपूर्ण और अस्पष्ट बात पढ़ने वाले के मन में संशय उत्पन्न कर सकती है। पत्र इस प्रकार लिखा जाना चाहिए कि वह पढ़ने वाले के मन को अभिभूत कर ले। कही भी कोई बात अप्रासंगिक न लगे और जहाँ तक हो सके पुनरावृति भी न हो। पत्र समाप्ति के पश्चात् यदि कोई आवश्यक विचार मन में आये या कुछ और लिखना हो तो "पुनश्च" लिखकर पुनः लिखा जा सकता है।

सरलता (Ease)

शरीर है तो 'सरलता' पत्र के प्राण हैं। सरलता और सहजता एक विशिष्ट गुण है जो अनायास ही सामने वाले को प्रभावित कर लेता है। पारिवारिक पत्र हो या व्यावसायिक पत्र, उसकी भाषा सरल, स्वाभाविक और स्पष्ट होनी चाहिए। जहाँ तक हो सके कठिन और कृत्रिम भाषा के प्रयोग से बचना चाहिए। अप्रचलित शब्दों के प्रयोग से भाषा गूढ़ और भाव अस्पष्ट हो जाते हैं। पत्र में छोटे–छोटे और सरल वाक्यों का प्रयोग ही उचित गया है।

संक्षिप्तता (In Short)

संक्षिप्तता पत्र का एक आवश्यक गुण है। पत्र संक्षिप्त होने के साथ–साथ परिपूर्ण होना चाहिए। मुख्य बात को स्पष्ट रूप में लिखना चाहिए।

पत्र का अनावश्यक विस्तार उसकी कलात्मकता को ही नष्ट नहीं करता, बल्कि पढ़ने वाले को बोरियत भी महसूस होती है। आज के व्यस्त जीवन में कोई भी अपना कीमती समय नष्ट नहीं करना चाहता। कहने का तात्पर्य यह है कि पत्र की संक्षिप्तता गागर में सागर भरने जैसी हो।

प्रभावशीलता (Effective)

पत्रों को प्रभावशाली बनाने के लिए शब्दों का प्रयोग सोच–समझकर करना चाहिए, ताकि पढ़ने वाले पर पत्र का पूर्ण प्रभाव पर पड़े। पत्र हृदयग्राही होना चाहिए, जिससे वह सहजता से दूसरों के मन को जीत ले। अतः पत्र जितना प्रभावशाली होगा पढ़ने वाला उतना ही अधिक प्रभावित होगा।

शिष्टाचार (Manners)

पत्र लिखते समय सदैव शिष्टाचार का ध्यान रखना चाहिए। पत्र के अनुरूप संबोधन शिष्ट ढंग से किया जाना चाहिए। मधुर सम्बोधन पाठक को तुरन्त मुग्ध कर लेता है। शिष्ट भाषा में ऐसा जादू होता है, जो दूसरों के दिलों में महत्त्वपूर्ण स्थान बना लेता है।

पत्र के माध्यम से ही कभी–कभी पत्र पढ़ने वाला सामने वाले को सभ्य और सुसंस्कृत समझने लगता है। पत्र की भाषा यदि शिष्ट और विनम्र हो तो असन्तुष्ट व्यक्ति भी सन्तुष्ट हो जाता है। अतः पत्र की भाषा शिष्ट एवं विनम्र होनी चाहिए।

आकर्षक (Attractive)

पत्र का यह एक विशिष्ट गुण है। पत्र की प्रस्तुति आकर्षक ढंग से होनी चाहिए। स्वच्छ और व्यवस्थित रूप से लिखा पत्र ही आकर्षक होता है। वाक्य रचना, विराम चिह्नादि, शीर्षक, तिथि, अभिवादन, अभिनिवेदन आदि की दृष्टि से भी पत्र सही और शुद्ध होना चाहिए। पत्र लेखन के दौरान शब्दों को बार–बार काटने–मिटाने से भी उसकी सुन्दरता नष्ट हो जाती है।

स्वच्छ और सुन्दर अक्षरों में लिखे जाने से पढ़ने में सुविधा होती है। पत्र को आवश्यकतानुसार टाइप कराके भी भेजा जा सकता है। पत्र भेजते समय पता पूर्ण और स्पष्ट रूप से लिखना चाहिए। यदि उस स्थान का पिन कोड ज्ञात हो, तो अवश्य लिखना चाहिए। अतः पत्र जितना उत्तम एवं कलात्मक होगा, वह उतना ही आकर्षक और प्रभावशाली होगा।

कागज़ (Paper)

पत्र लिखने के लिए अच्छे कागज़ का प्रयोग करना चाहिए, विद्यार्थी जीवन में पत्र लिखने वाला जहाँ रंगीन कागज़ का ज्यादा से ज़्यादा इस्तेमाल करता है, वही प्रौढ़ता आने पर वह रंगीन कागज़ इस्तेमाल बन्द करके सफ़ेद कागज़ का प्रयोग करने लगता है।

बच्चों के पत्रों के कागजों में लाइन भी खिंची होती हैं, परन्तु प्रौढ़ लेखकों के पत्रों पर लाइनें होना हास्यास्पद–सा ही प्रतीत होता है। जो लेखक लाइन बिना किसी सहायता के नहीं लिख सकते उन्हें अपने पत्र के कागज़ के नीचे एक कागज़ मोटी काली लाइनों वाला रख लेना चाहिए इससे लेखक की लाइनें बहककर इधर–उधर नहीं दौड़ने लगेंगी।

साधारण पत्रों के लिए साधारण बैंक या नोट–पेपर का प्रयोग किया जाना चाहिए, परन्तु हवाई जहाज़ की डाक के लिए विशेष रूप से हलका कागज़ प्रयोग में लाना चाहिए।

पेन और स्याही (Pen & Ink)

पत्र लेखक को चाहिए कि वह रंगीन स्याही का प्रयोग केवल कुछ विशेष अवसरों पर ही करे। हर पत्र को रंगीन स्याही से लिखना अच्छा प्रतीत नहीं होता। साधारणतया पत्र नीली या काली स्याही से ही लिखे जाने चाहिए। पत्रों को जहाँ तक बन पड़े स्याही से ही लिखना चाहिए।

पेंसिल का प्रयोग पत्र–लेखन में नहीं करना चाहिए। पेंसिल के लिखे हुए बहुत से शब्द कभी–कभी मिटकर अस्पष्ट और भ्रामक बन जाते हैं। इस प्रकार की लापरवाही से कभी–कभी बहुत बड़ी हानि होने की आशंका रहती है और पत्र लिखने का अभिप्राय ही नष्ट हो जाता है। सभी पत्र पेन से ही लिखने चाहिए।

शुद्धता व स्वच्छता (Accuracy & Cleanliness)

पत्र में जो कुछ लिखा जाये वह भाषा की दृष्टि से पूर्णतया सही व शुद्ध होना चाहिए। पत्र सुपाठ्य तथा अशुद्धियों से रहित होना चाहिए। व्यावसायिक पत्र में बिल, हुण्डी, हिसाब, खाता, विवरण आदि को बड़ी सावधानी से व सही रूप से तैयार करना, एक व्यावसायिक की साख का निर्माण करने के बराबर है।

सन्तोषजनक (Satisfactory)

व्यावसायिक पत्रों की सफलता इसी में है कि पत्र पढ़ते ही पार्टी एक सन्तोष का अनुभव करे अर्थात् पाठक को अपने तर्कों से सन्तुष्ट करने वाला तथा अपनी शंका व प्रश्न का समाधान करने वाला पत्र प्राप्त होना चाहिए।

पत्र की भाषा व सामग्री ऐसी हो कि वह पाठक के मन में किसी भी तरह का प्रश्न न उठने दें। कहने का अर्थ है कि पत्र में सामग्री का वज़न, क़ीमत, क़िस्म, देय राशि, छूट राशि अन्य देय लाभ आदि का स्पष्ट उल्लेख होना चाहिए। बिल्टी या अन्य समस्या निवारण की गारण्टी का आश्वासन होना एक सन्तोषजनक पत्र की निशानी है।

क्रमबद्धता (Systematic)

पत्र में उठाये बिन्दु क्रमबद्ध हो। उनका आपस में तालमेल हो। एक बिन्दु में एक बात ही रखे। पत्र में एकरूपता होनी चाहिए। चाहे पत्र टंकित हो या हस्तलिखित। हस्तलिखित पत्रों में अलग अनुच्छेद बनाने तथा पंक्तिओं में समानता रहनी चाहिए ताकि पत्र आकर्षक लगे।

यथासमय (At Proper Time)

देरी व्यावसायिक पत्रों में गतिरोध पैदा करती है। इसलिए समय पर पत्र डालना एक व्यावसायिक गुण है। यदि उत्तर में देरी होने की सम्भावना है तो पत्र द्वारा सूचित करना चाहिए।

यदि पत्र देरी से डाला जा रहा है तो पत्र में विलम्ब के लिए क्षमा याचना करना न भूलें। विलम्ब व्यवसाय में अनुकूल प्रभाव नहीं डालता है।

योजनाबद्ध (Planning)

पत्र को योजना बनाकर लिखना चाहिए। योजना बनाते समय अपनी बात को प्रमुखता देते हुए सभी प्रकार के तथ्यों के द्वारा अपने उद्देश्य की जानकारी प्रभावपूर्ण ढंग से देनी चाहिए। पत्र का प्रस्तुतीकरण सुन्दर ढंग से क्रमबद्ध हो तथा बात स्पष्ट होना चाहिए। विनम्रता व निर्णायक शक्ति के साथ–साथ योजनाबद्ध तरीक़े से अपनी बात को प्रस्तुत करना चाहिए।

लेख (Writing)

लेखक का लेख उसके चरित्र का परिचायक होता है। इसलिए लेख लिखते समय लेखक को ध्यान रखना चाहिए कि वह लापरवाही न बरते। पत्र–लेखन सुन्दर और सुडौल अक्षरों में होना चाहिए।

पत्र पढ़ने वाला लेख से अनुमान लगाता है कि लेखक अपने जीवन के महत्त्वपूर्ण कार्यों में कितना व्यवस्थित है। सुन्दर तथा स्पष्ट लेख से लेखक के व्यवस्थित, विचारपूर्ण तथा गम्भीर जीवन का संकेत मिलता है।

लिफ़ाफ़ा (Envelop)

पत्र के लिए लिफ़ाफ़े के बीच के ऊपर से लिखना शुरू करना चाहिए। पते की प्रत्येक पंक्ति लेखक को पहली पंक्ति से लगभग आधा इंच दायीं ओर हटाकर लिखना चाहिए। पते में सबसे पहले उस व्यक्ति का नाम लिखा जाता है, जिसे वह पत्र लिखा गया है। नाम के बाद यदि कोई किसी विशेष व्यक्ति के द्वारा (c/o) पत्र लिखा जा रहा है, तो उसका नाम लिखना होता है। फिर तीसरी पंक्ति में मकान का नम्बर, गली और मोहल्ले का नाम आता है। इसके बाद शहर का नाम तथा पिनकोड लिखा जाता है।

अँग्रेज़ी के पत्रों में जिन व्यक्तियों को 'Mr.' से सम्बोधित किया जाता है, उन्हें हिन्दी में 'श्री' लिखते हैं। अँग्रेज़ी में कुछ विशेष सम्मानित व्यक्तियों के नामों के बाद 'Esq.' लगा दिया जाता है। इस प्रकार की प्रथा का प्रचलन हिन्दी में नहीं है। कुछ स्त्रियों को उनके पतियों के नाम के सामने अँग्रेज़ी में 'Mrs.' लगाकर सम्बोधित किया जाता है। यह प्रथा हिन्दी में 'श्रीमती' लगाकर प्रचलित हो चुकी है। अँग्रेजी में अविवाहित स्त्री के लिए 'Miss' का शब्द का प्रयोग होता है, परन्तु हिन्दी में विवाहित तथा अविवाहित दोनों के लिए 'सुश्री' शब्द का ही प्रयोग करना चाहिए। अँग्रेज़ी में पता लिखते समय जहाँ 'To' लिखा जाता है, वहाँ हिन्दी में 'सेवा में' लिखना चाहिए।

पत्र का आरम्भ

पत्र लिखना आरम्भ करते समय पत्र के दाएं कोने पर ऊपर की ओर लेखक को अपना पता लिखना चाहिए। पते के नीचे पत्र लिखने की तारीख़ लिखी जाती है। यदि काग़ज़ पर लेखक का पता छपा हुआ हो तो यहाँ पर पता लिखने की आवश्यकता नहीं होती। ऐसी दशा में केवल तारीख़ ही लिखनी होती है। फिर पत्र के बायें किनारे पर, जिस व्यक्ति को पत्र लिख जा रहा हो, उसे सम्बोधित करने के स्थान से ऊपर उस व्यक्ति का पूरा पता लिखा जाता है। यहाँ पता लिख देने से पता लिखने वाले क्लर्क को पता पूछने की आवश्यकता नहीं रहती और वह अपना पता भेजने (Despach) और रजिस्टर में दर्ज करने का कार्य स्वयं कर लेता है। यह पता व्यक्तिगत पत्रों में लिखने की आवश्यकता नहीं होती। केवल व्यापारिक पत्रों में ही इस प्रकार के पते लिखे जाने आवश्यक होते हैं। हिन्दी–पत्रों में जिन्हें पत्र लिखे जाते हैं, उन्हें निम्नलिखित प्रकार से सम्बोधित किया जाता है–

	सम्बन्ध	सम्बोधन	अभिवादन	अधोलेख / अभिनिवेदन
(1)	बड़ों के लिए माता–पिता बड़े भाई–बहन, सम्बन्धियों, शिक्षक।	पूज्यनीय, पूज्यनीया, आदरणीय, आदरणीया, पूज्य, परम पूज्या, श्रद्धेय, मान्यवर।	चरणस्पर्श, चरणवन्दना, प्रणाम, सादर प्रणाम, नमस्कार, सादर नमस्कार।	आपका, आपका आज्ञाकारी पुत्र। पुत्री, शिष्य, दयाभिलाषी, स्नेहाकांक्षी, आपका अनुज, कृपाकांक्षी
(2)	समान आयु वालों को।	प्रिय, प्रियवर, प्रियमित्र, बन्धुवर, मित्रवर।	नमस्ते, सप्रेम नमस्कार।	तुम्हारा, तुम्हारा मित्र, तुम्हारा स्नेही, तुम्हारी सखी
(3)	अपने से छोटों के लिए।	प्रिय चिरंजीव, प्रियवर।	शुभाशीष, शुभाशीर्वाद, प्रसन्न रहो, खुश रहो, आनन्दित रहो।	तुम्हारा शुभाकांक्षी, शुभचिन्तक, हितैषी, हितेच्छु, शुभेच्छु या हितचिन्तक।
(4)	पत्नी को	प्राण प्रिये, प्रिये, हृदयेश्वरी	सस्नेह, सुखी रहो, सप्रेम मिलन	तुम्हारा ही, तुम्हारा प्रिये
(5)	पति को	मेरे सर्वस्व, प्रियवर, प्राणप्रिय	प्रणाम, सादर चरण स्पर्श	तुम्हारी, आपकी अर्द्धांगिनी
(6)	अपरिचित पुरुष या महिला के लिये	श्रीमान / श्रीमती, प्रिय महोदय, महोदया	नमस्ते, नमस्कार	भवदीय
(7)	व्यावसायिक पत्रों में पुरुष या स्त्री के लिये	प्रिय महोदय, प्रिय महोदया, प्रिय महाशय, श्रीमानजी या मान्यवर।	❖	भवदीय, आपका कृपाकांक्षी या कृपाभिलाषी।
(8)	कार्यालयीन सरकारी पत्रों में	महोदय, प्रिय महोदय	❖	भवदीय, प्रार्थी या निवेदक (आवेदन पत्र में)।

★   अभिवादन का प्रयोग नहीं किया जाता।

इस सन्दर्भ में एक महत्त्वपूर्ण बात यह है कि राष्ट्रपति एवं राज्यपालों के लिए 'महामहिम' का सम्बोधन किया जाता है।

पत्र का विषय

पत्रों के विषय के सम्बन्ध में यहाँ पर कुछ लिखना व्यर्थ होगा, क्योंकि इसे विस्तार सहित पुस्तक के अगले अध्यायों में बताया गया है। यहाँ केवल इतना ही जान लेना आवश्यक है कि पत्र का विषय प्रथम तो उन परिस्थितियों पर आधारित होता है, जिनके कारण कि वह पत्र लिखा जा रहा है और दूसरे यह उन पत्रों पर भी निर्भर होता है कि जिन पत्रों का उन पत्रों में उत्तर दिया जा रहा हो।

इसी प्रकार की अनेक परिस्थितियों को चुनकर हमने इस पुस्तक में पत्रों के रूप में संगृहीत किया है। पत्र–लेखन की विभिन्न शैलियों को भी विभिन्न विषयों के अनुसार इस पुस्तक में अपनाया गया है। इसलिए विषय तथा शैलियों ज्ञान सही रूप में पाठकों को पुस्तक के अध्याय पढ़ने पर ही प्राप्त हो सकेगा।

उचित तथा शुद्ध लेखन

पत्र–लेखन में लेखक को शब्दों का प्रयोग बहुत ही सोच–समझकर करना चाहिए। कभी–कभी ग़लत शब्दों के प्रयोग से अर्थ का अनर्थ हो जाता है और इस प्रकार पत्र का भाव ही भ्रामक बन जाता है। पत्र लिखते समय लेखक को कठिन या नये शब्दों के पीछे नहीं दौड़ना चाहिए। लेखक को चाहिए कि वह उन शब्दों का ही पत्र में प्रयोग करे कि जिनके अर्थ के विषय में उसे तनिक भी भ्रम या संशय न हो।

इसी प्रकार लेखक को शब्द के शुद्ध लिखने पर भी ध्यान देना चाहिए। जिस प्रकार अँग्रेज़ी में अशुद्ध वर्तनी (Spelling) लिखने से लेखक का अभिप्राय नष्ट हो जाता है। उसी प्रकार हिन्दी में भी अर्थ का कभी–कभी अनर्थ हो जाता है और पाठक लेखक के प्रयोजन तक पहुँचने में असमर्थ रह जाता है। पाठकों को इस प्रकार की भ्रामक परिस्थितियों से बचाने के लिए लेखक के पास केवल यही उपाय है कि वह अपने पत्र में केवल उन्हीं शब्दों को लिखे कि जिनका सही अर्थ और शुद्ध लेखन उसके लिए नया प्रयोग न हो। पत्र–लेखन मे लेखक को नये प्रयोगों से दूर रहना चाहिए और पूर्व परिचित तथा प्रयोग में आये हुए शब्दों को प्रयोग में लाना चाहिए।

विराम इत्यादि चिह्नों का प्रयोग

कभी–कभी ग़लत विराम इत्यादि चिन्हों से भी लेखक के अर्थ का अनर्थ हो जाता है। लेखक को चाहिए कि वह वाक्यों में विराम इत्यादि चिन्हों का प्रयोग सोच–समझकर करे। कभी–कभी ऐसा होता है कि समस्त वाक्य का भाव उसके विराम इत्यादि पर ही आधारित हो जाता है। लेखक को चाहिए कि वह प्रत्येक वाक्य को विराम (Full stop) (।) चिह्न से समाप्त करे। विस्मयादिबोधक (Exclamation mark) शब्द के बाद (!) चिह्न का प्रयोग किया जाता है। किसी अन्य द्वारा कही गयी बात को इनवर्टेड कामाज़ (Inverted Commas) ("......") में रखा जाता है। प्रश्नवाचक वाक्य के पश्चात् सवालिया निशान (Mark of InterÙogation) (?) का प्रयोग करना चाहिए। पत्र–लेखन में इन चिन्हों पर विशेष ध्यान रखकर लेखक को पत्र लिखना चाहिए।

पत्रों को टाइप करना

कुछ लोगों का विचार है कि व्यक्तिगत पत्र टाइप करके नहीं भेजने चाहिए, क्योंकि ऐसा करने से पत्रों में अव्यावहारिकता आ जाती है और व्यक्तिगत प्रेम तथा सद्भावना का लोप हो जाता है। परन्तु इधर कुछ लोगों ने इस विचार को पीछे छोड़ दिया है और व्यक्तिगत पत्रों में भी टाइप किये हुए पत्रों का प्रयोग चलने लगा है।

टाइप किये हुए पत्रों की विशेषता यही है कि टाइप होने से पत्र का भाव स्पष्ट हो जाता है और पाठक को लेखक का अभिप्राय समझने में कठिनाई नहीं होती। पाठक के मस्तिष्क को व्यर्थ के लिए लेखक की लेखन–लिपि से टकराना नहीं होता।

व्यापारिक पत्र लेखन

आज के व्यापारिक व्यक्ति की सफलता और असफलता विशेष रूप से उसके पत्र–व्यवहार के ढंग पर आधारित है। व्यापारिक पत्र लिखना एक महान् कला है। व्यापार में गति लाने के लिए यह आवश्यक है कि किसी भी व्यापारिक फ़र्म को अपने पत्रों का सही उत्तर बिना विलम्ब देना चाहिए। जो फ़र्म अपने पत्र–व्यवहार में ढिलाई बरतेगी, वह व्यापार में अधिक लाभ और उन्नति नहीं कर सकेगी। आज के सफल व्यापारी को पत्र–लेखन में पूरी तरह से निपुण होना चाहिए। कुशल व्यापारी पत्र–लेखक ही अपने पत्रों द्वारा अपने विक्रेताओं तथा सौदागरों पर अपनी इच्छाओं को प्रकट करके उन्हें व्यापार में अपनी इच्छा के अनुसार प्रभावित कर सकता है। व्यापारिक पत्रों को निम्नलिखित पाँच भागों में विभाजित किया जा सकता है–

(1) बिक्री के पत्र
(2) नित्यप्रति साधारणतया लिखे जाने वाले पत्र
(3) हिसाब–किताब के पत्र

(4) विज्ञापन सम्बन्धी पत्र

(5) कर्मचारी सम्बन्धी पत्र

ऊपर दिये गये पाँच विभागों को कई उपविभागों में विभाजित किया जा सकता है। इन विभागों का विभाजन हमने केवल श्रेणियों के रूप में किया है। इन श्रेणियों के अन्तर्गत किसी न किसी रूप में व्यापार सम्बन्धी सभी पत्र आ जाते हैं। व्यापारिक पत्रों के विषय में जहाँ तक साधारण नियमों का सम्बन्ध है, वहाँ तक इनमें और व्यावहारिक पत्रों में कोई अन्तर नहीं है। पत्रों का उत्तर देने में पत्र–लेखक को जरा भी विलम्ब नहीं करना चाहिए। पत्र का उत्तर जितना शीघ्रता से दिया जायेगा, उसका प्रभाव लेखक तथा पाठक के मस्तिष्क में उतना ही ताज़ा रहेगा और उसके कार्यरूप में परिणित होने में भी उतनी ही शीघ्रता होगी। व्यावहारिक पत्रों का उत्तर देना जहाँ लेखक की शिष्टता का द्योतक है वहाँ व्यापारिक पत्रों के उत्तर की शीघ्रता में व्यापारी के लाभ की भावना निहित है। पत्र का उत्तर शीघ्र देने से ही व्यापार में गति आती है।

व्यापारिक पत्र विशेष रूप से टाइप किये हुए ही होने चाहिए। इस प्रकार के पत्र बड़ी–बड़ी व्यापारिक संस्थाओं में स्वयं न लिखकर शॉर्टहैन्ड (Short hand) में लिखे जाते हैं।

पत्र की समाप्ति

अँग्रेज़ी में प्रथम पुरुष द्वारा लिखे गये पत्रों को जहाँ 'Yours Truly' अथवा 'Yours faithfully' लिखकर समाप्त किया जाता है, वही हिन्दी में 'आपका' या 'तुम्हारा' ही लिखा जाता है। 'आपका' शब्द केवल बड़ों के लिए प्रयोग में लाया जाता है। इन दोनों ही शब्दों के साथ कुछ पत्र–लेखक 'शुभचिंतक', 'तुम्हारा अपना ही', 'तुम्हारा अपना', इत्यादि का भी प्रयोग करते हैं। कुछ लेखक 'तुम्हारा दर्शनाभिलाषी' भी लिखते हैं। कभी–कभी जीवन के कुछ विशेष स्तर के व्यक्तियों के लिए कुछ विशेष आदरसूचक शब्दों का भी प्रयोग किया जाता है और प्रेम–भाव में साधारण से साधारण शब्दों का। व्यापारिक क्षेत्र में यही प्रथा अधिक प्रचलित है।

व्यापारिक हस्ताक्षर

व्यापारिक पत्रों पर हस्ताक्षर इस प्रकार किये जाने चाहिए कि जिससे पाठक को उन्हें पढ़ने में कठिनाई न हो। भ्रामक हस्ताक्षर करने से पाठक को पत्र लिखने वाले को समझने में कठिनाई उपस्थित हो जाती है। यदि हस्ताक्षर के पढ़ने में कठिनाई हो तो हस्ताक्षर के नीचे लेखकर को अपना पूरा नाम टाइप कर देना चाहिए।

अपने प्रतिष्ठान के प्रति निष्ठा

अच्छा पत्र अपने प्रतिष्ठान की शोभा है। प्रतिष्ठान की गरिमा के अनुकूल पत्राचार शोभा देता है। अपने संस्थान का गौरव, उस प्रतिष्ठान से जारी पत्र ही है। अतः पत्र लिखते समय अपने प्रतिष्ठान के प्रति निष्ठा झलकनी चाहिए।

4 पत्र-व्यवहार एवं पत्र-व्यवहार का महत्त्व

पत्र – व्यवहार

पत्रों के माध्यम से सन्देशों के आदान–प्रदान को पत्र–व्यवहार कहते है। यह पत्र–व्यवहार दो व्यापारियों के मध्य, दो सरकारी कार्यालयों के मध्य, दो संस्थानों के मध्य, एक व्यापारी और एक ग्राहक के मध्य, एक सरकारी कार्यालय और एक व्यक्ति के मध्य हो सकता है। दूसरे शब्दों में, पत्र–व्यवहार किन्हीं भी दो व्यक्तियों अथवा दो पक्षों के मध्य आपस में एक–दूसरे के साथ हो सकता है।

पत्र – व्यवहार का महत्त्व

पत्र, सन्देशों के आदान–प्रदान का महत्त्वपूर्ण साधन है। पत्र, वास्तव में वह माध्यम है, जिसके द्वारा व्यक्ति विचारों का लिखित आदान–प्रदान करता है। पत्र–व्यवहार का महत्त्व निम्न बिन्दुओं से स्पष्ट किया जा सकता है–

- **अभिव्यक्ति का लिखित माध्यम**– पत्र, पत्र–लेखकों के विचारों की लिखित अभिव्यक्ति है। कभी–कभी बहुत सी बातें व्यक्ति मौखिक रूप से कह नहीं पाता अथवा परिस्थितिवश कहना सम्भव नहीं होता है। तब पत्र के माध्यम से लिखित रूप में अपने विचार व्यक्त करना ही सम्भव होता है।
- **रिकार्ड रखने की सुविधा**– विचारों के मौखिक आदान–प्रदान को भविष्य के लिए रिकार्ड में रखना आमतौर पर सम्भव नहीं होता है, किन्तु पत्र को रखा जा सकता है एवं आवश्यकता पड़ने पर पत्र के माध्यम से अतीत की स्मृतियों को ताज़ा किया जा सकता है तथा सन्दर्भ के लिए उन्हें प्रस्तुत किया जा सकता है।
- **शब्दों के सही चयन का अवसर**– मौखिक बातचीत में कितनी ही बार किसी शब्द का चयन ग़लत हो जाता है और वह शब्द सामने वाले व्यक्ति पर विपरीत असर डाल सकता है, जबकि पत्र लिखते समय यदि कोई शब्द ग़लत लिखा जाता है तो उसे काटकर संशोधित अथवा परिवर्तित किया जा सकता है।
- **सम्बन्धों में निरन्तरता**– पत्र व्यवहार की निरन्तरता दो व्यक्तियों अथवा दो विभिन्न पक्षों के सम्बन्धों में निरन्तरता बनाये रखती है चाहे इन दोनों व्यक्तियों अथवा पक्षों का आपस में नियमित रूप से मिलना–जुलना न भी हो।
- **प्रतिनिधि के रूप में**– पत्र, पत्र–लेखक का प्रतिनिधि होता है। व्यक्तिगत पत्र में वह लेखक स्वयं होता है, तो व्यापारिक पत्र में वह व्यापारी का प्रतिनिधि होता है। एक अच्छा पत्र, व्यापारी के व्यापार में आशातीत वृद्धि करता है।
- **शिकायत का उपयुक्त माध्यम**– किसी की भी शिकायत मौखिक रूप से इतनी प्रभावी नहीं होती है, जितनी लिखित रूप से। शिकायत यदि सही एवं प्रामाणिक है तो उपयुक्त अधिकारी के सम्मुख

शिकायत को पत्र के रूप में प्रस्तुत करना शिकायत का सर्वाधिक प्रभावी रूप है।

❑ **सुख एवं दुःख के वाहक**– पत्र ही एक ऐसा माध्यम है जो अपने अन्दर सुख एवं दुःख का असीम सागर छुपाये होता है। किसी शायर ने कहा है कि *"डाकिया एक जादूगर है, जिसके छोटे से झोले में सुख–दुःख दोनों साथ में रहते हैं"* अर्थात् डाकिये के झोले में रखी हुई चिट्ठियाँ किसी के लिए सुख का सन्देश लाती हैं तो किसी के लिए दुःख की सूचना।

❑ **शासन का प्रतिनिधि**– शासन विभिन्न आदेशों एवं निर्देशों से ही चलता है एवं ये आदेश–निर्देश पत्रों के माध्यम से ही जारी किये जाते हैं।

❑ **साक्ष्य**– अनेक व्यापारिक एवं शासकीय विवादों में पत्र साक्ष्य के रूप में महत्त्वपूर्ण भूमिका निभाते हैं।

❑ **साहित्य के रूप में**– अनेक रचनाकार अपनी रचनाओं को पत्रों के माध्यम से पाठकों के लिए प्रस्तुत करते हैं एवं पाठक भी उसे एक कहानी अथवा कविता के रूप में ग्रहण नहीं करते हुए पत्र के रूप में ग्रहण करते हैं एवं उन्हें अपनेपन का अहसास होता है।

❑ **समाज सुधारक के रूप में**– विभिन्न समाचार–पत्रों एवं पत्रिकाओं में एक कॉलम पत्रों के लिए होता है, जिसके माध्यम से कई समाज–सुधारक अपने पत्रों से समाज में सुधार की प्रेरणा देते हैं।

❑ **समीक्षक के रूप में**– किसी भी साहित्य रचना एवं किसी भी प्रकार की घटना की समीक्षा यदि पत्रों के रूप में सम्बन्धित व्यक्ति या संस्थान को भेजी जाये तो वह पत्र पाने वाले के लिए अत्यन्त लाभदायक एवं प्रेरणादायी होती है।

❑ **सस्ता साधन**– आज के व्यस्त जीवन में दूरस्थ स्थित रिश्तदारों, मित्रों, ग्राहकों, व्यापारियों आदि से सम्पर्क रखने का सबसे सरल एवं सबसे सस्ता साधन पत्र–व्यवहार ही है।

भाग–••

सामाजिक एवं सार्वजनिक पत्र

(औपचारिक पत्र)

सामाजिक-पत्र

सामाजिक–पत्र

समाज, जातीय, संघ, सामाजिक समस्या आदि से जुड़े पत्र 'सामाजिक पत्र' कहलाते हैं। सामाजिक पत्रों में भी पारिवारिक पत्रों की तरह ही भाषा शैली का उपयोग करना चाहिए। सामाजिक पत्रों को समाज को ध्यान में रखते हुए बड़ी सावधानी से पत्र लिखना चाहिए। अन्यथा पूरे समाज में आपकी छवि बिगड़ सकती है। सामाजिक पत्रों के कुछ नमूने निम्नानुसार है–

(नमूना–1)

(अपना पता)
दिनांक.........

प्रति
देवेश चौधरी
अध्यक्ष, ज़िला पंचायत,
नाहर पुर

विषय :- अन्तर्जातीय विवाह के सम्बन्ध में प्रस्ताव।

प्रिय चौधरी जी,

मुझे ज्ञात हुआ है कि अगले माह आप समाज की एक बैठक बुला रहे हैं। आज के समय में जब अन्तर्जातीय विवाह बड़ी तेज़ी से बढ़ रहे हैं, तब समाज में आप ऐसा कोई प्रस्ताव न लाएं, जिससे कि अन्तर्जातीय विवाहों पर समाज कोई दण्डात्मक निर्णल ले। मैं इस बात से सहमत हूँ कि लड़कियाँ विवाहों से समाज की लड़कियों को कई बार वैवाहिक समस्याओं से गुज़रना पड़ता है। अभी हमारी लड़कियाँ इतनी शिक्षित नहीं हैं कि वे भी अन्तर्जातीय विवाहों से जुड़ जायें। केवल लड़के ही इस दिशा में आगे बढ़ रहे हैं। लेकिन इस तरह के विवाहों पर प्रतिबन्ध लगाने से परिवारों में ही असन्तोष बढ़ जाता है।

आप समाज में लड़कियों को आगे पढ़ाने की योजनाएँ ही आगे बढ़ाएँ। समस्या का सबसे अच्छा समाधान यही है कि लड़कियाँ भी लड़कों के समान शिक्षित हो जायें और वे भी अपने जीवन में अपने साथी का चयन करने की हिम्मत जुटायें। अब आगे बढ़ने के अलावा कोई विकल्प नहीं है।

मैं स्वयं इस बैठक में नहीं आ पा रहा हूँ, इसलिए पत्र लिख रहा हूँ।

आपका
गौरव गर्ग

(नमूना-2)

तलाक पर सुझाव

प्रिय राधिका,

तुम्हारा पत्र मिला। मुझे दुःख है तुम्हारे और राजीव के सम्बन्ध बहुत बिगड़ रहे हैं। तुम तलाक लेने का सोच रही हो। पर गहाराई से विचार करो कि समस्या का क्या केवल यही एक समाधान है? विवाह विच्छेद से क्या होगा? क्या तुम किसी और को चाहती हो और कोई तुम्हें अपनाने के लिए तैयार है?

मैं सोचती हूँ कि राजीव एक अच्छे इनसान हैं। केवल तुम दोनों के अहं टकरा रहे हैं। मैं यह नहीं कहती कि समझौता केवल स्त्री ही करे, पर कई बार जब दो पक्ष अड़ जायें, तो समझदारी इसी में है कि कोई बीच का रास्ता निकाल लिया जाये। तुम्हारा एक बच्चा भी है, कम से कम तुम दोनों को अब उसका ख़्याल रखना चाहिए।

हमारी संस्कृति ही सबसे अच्छी है और उसमें स्थायित्व भी है। कई बार हम में भी झगड़ा हुआ है। पति–पत्नी में यह तो चलता ही है, पर इसका अर्थ यह नहीं है कि हम तलाक जैसा कठोर क़दम उठाएं। उम्मीद है कि तुम मेरी बात पर गहराई से विचार करोगी। तलाक समाधान नहीं है, इससे तो और भी समस्याएँ उत्पन्न होंगी। तुम खुद ही समझदार हो। मैं जानती हूँ कि अभी तुम बहुत गुस्से में हो। जब तुम गहराई से सोचोगी तो तुम्हें मेरी बात ठीक लगेगी। पत्र का जवाब ज़रूर देना और अपने निर्णय से अवगत कराना।

तुम्हारी सखी

नवनीत परिहार

(नमूना-3)

सम्पादक को सुझाव देते हुए पत्र

प्रिय अरविंद,

आजकल मैं दैनिक समाचार–पत्र में अँग्रेज़ी का बढ़ता प्रभाव बहुत देख रहा हूँ। तुम इसके सम्पादक हो और फिर भी इसमें भाषा का इस तरह प्रयोग हो रहा है कि यह मेरे आश्चर्य का विषय है। हिन्दी के वे शब्द हटाकर अँग्रेज़ी में लिखे जा रहे हैं, जो बहुत प्रचलित रहे हैं। विश्वविद्यालय की जगह यूनिवर्सिटी लिखने की क्या ज़रूरत है? इसी तरह के कई शब्द मैं गिना सकता हूँ। एक सम्पादक के रूप में तुम्हें इस प्रवृत्ति को रोकना चाहिए।

मैं जानता हूँ कि आज के समय में अखबार के मालिक अपनी मर्ज़ी चलाते हैं और नौकरी करनी हो तो सम्पादकों को उनकी बात माननी पड़ती है। लेकिन तुम उन्हें सुझाव तो दे सकते हो। यह प्रवृत्ति ठीक नहीं है। समाचार पत्रों का एक बड़ा दायित्व यह भी है कि वे भाषा की एक संस्कृति का भी निर्माण करें।

मेरे समाचार पत्र में भी इस बात की कोशिश की जाती रही है कि अँग्रेज़ी बढ़े पर अभी तक मैंने यह होने नहीं दिया है। यदि हमें मजबूर किया जाये तो मैं यही ठीक समझता हूँ कि हम एक संगठन बनाकर अपना अखबार स्वयं चलाएं। तुम्हारी क्या राय है? मुझे इन सारी समस्याओं पर पत्र लिखना। प्रतीक्षा करूँगा।

तुम्हारा

अविनाश

सान्ध्य दैनिक

(नमूना-4)

सामाजिक नियन्त्रण पत्र

प्रति

अनिता अग्रवाल

अध्यक्षा, स्त्री समाज कुर्ला,

मुम्बई।

प्रिय बहन!

मुझे बड़ी खुशी है कि आप कुर्ला के स्त्री समाज की अध्यक्षा बन गयी हैं। इन दिनों मुम्बई की क़ानून व्यवस्था बहुत अधिक बिगड़ गयी है। मैं मुम्बई स्त्री समाज की एक बड़ी बैठक बुला रही हूँ। हमें अब स्त्रियों की रक्षा खुद ही करनी होगी। इसके लिए मैं स्त्री सुरक्षा समिति का हर मोहल्ले में गठन करना चाहती हूँ।

स्त्रियों की कई समस्याओं में सबसे बड़ी समस्या यह है कि अपराधी तत्त्व छेड़छाड़ करते हैं। बलात्कार की घटनाएं बढ़ रही हैं। यहाँ तक कि ग़रीब लड़कियों को शादी का झांसा देकर बेचा जा रहा है। उनकी तस्करी हो रही है। सरकार माफ़िया गिरोह के आगे असहाय है। नेताओं को तो नोट बटोरकर चुनाव लड़ना और कुर्सी पाना–इन दो बातों के अलावा अब जनता की कोई फ़िक्र ही नहीं बची है। इसका सबसे अधिक शिकार स्त्रियां हो रही हैं।

तुम 13 जुलाई, 20XX की मीटिंग में ज़रूर आना। यह मीटिंग मैंने दादर स्थित स्त्री भवन में दोपहर 2 बजे आयोजित की है।

आपकी

कामना अचरेकर

अध्यक्षा, वृहद् स्त्री समाज, मुम्बई

6

औपचारिक पत्र/शिकायती पत्र

किसी को किसी की शिकायत करने में किसी को कोई खुशी नहीं मिलती। आदमी जब निजी तथा सार्वजनिक कठिनाइयों, असुविधाओं के सन्दर्भ में आग्रह करते हुए थक जाता है और सामने वाले के कान पर जूँ तक नहीं रेंगती या सुधार न होने की स्थिति में विवश हो कठोर रुख अपनाते हुए, उच्चाधिकारियों को शिकायत करनी पड़ती है। व्यक्तिगत तथा सार्वजनिक रूप से लिखे जाने वाले ऐसे पत्रों को 'शिकायती पत्र' कहते हैं।

अपने व्यक्तिगत जीवन में सम्बन्धित आम शिकायतें जैसे मनीऑर्डर, रजिस्टर्ड पत्र, तार, गैस कनेक्शन आदि न मिलने, टेलीफ़ोन दुरुस्त न करने, चोरी हो जाने, बस कन्डक्टर, रेलवे कर्मचारी के अशिष्ट व्यवहार की शिकायत, व्यावसायिक शिकायतें जैसे– क्षतिपूर्ति, ठीक माल न भेजने इत्यादि।

सार्वजनिक कठिनाइयों के सम्बन्ध में लिखे जाने वाले पत्र जैसे मुहल्ले में फैली गन्दगी, सड़कों की सफ़ाई न होना, बिजली आपूर्ति, पानी की समस्या, राशन सामग्री की अवैध बिक्री, दूरदर्शन अधिकारी को शिकायत, कार्यालय कर्मचारियों की कार्य शिथिलता की शिकायत आदि। शिकायती पत्र ठोस कारणों के आधार पर ही लिखना चाहिए।

(नमूना-1)

[निजी]

मनीऑर्डर न पहुँचने पर शिकायती पत्र

(अपना पता)

दिनांक.......

सेवा में,

डाकघर अधिकारी,

गोपाल मन्दिर डाकघर,

क्षत्री चौक, उज्जैन।

विषय : मनीऑर्डर सम्बन्धी पूछताछ

महोदय,

सविनय निवेदन है कि मैंने दिनांक...........को इस डाकघर से चार हज़ार रुपये अपने पिताजी के नाम भवानीपुर भेजे थे। आज ही पिताजी के पत्र द्वारा ज्ञात हुआ कि अभी तक उन्हें मनीऑर्डर से पैसे नहीं मिले हैं।

मेरी माताजी की आँखों का आपरेशन इसी माह के अन्त में 'जीवन नर्सिंग होम' अस्पताल में होने वाला था। मनीऑर्डर न पहुँचने के कारण उनकी आँखों का आपरेशन न हो सका। पिताजी ने गाँव के डाकघर से

भी कई बार इस सम्बन्ध में पूछताछ की, पर पता चला कि उनके नाम से कोई मनीऑर्डर आया ही नहीं। डाक विभाग के कर्मचारियों की लापरवाही से मेरे परिवार के लोगों को जो कष्ट उठाना पड़ रहा है, उसका अनुमान क्या ये कर्मचारी कर सकते हैं?

आपसे विनम्र अनुरोध है कि शीघ्र जाँच करके मनी ऑर्डर की राशि दिलाने की कृपा करें। आप की सुविधा एवं जानकारी के लिए मनीऑर्डर की रसीद इस पत्र के साथ संलग्न है।

सधन्यवाद,

भवदीय,
(अपना नाम)

(नमूना–2)
कंडक्टर के अशोभनीय व्यवहार की शिकायत

(अपना पता)
दिनांक........

सेवा में,

प्रबन्धक,

महाराष्ट्र राज्य परिवहन ठाणे।

विषयः- कंडक्टर का अशोभनीय व्यवहार

महोदय,

इस पत्र के द्वारा मैं आपका ध्यान महाराष्ट्र राज्य परिवहन के रामनगर क्षेत्र के बस कंडक्टर द्वारा किये गये अशोभनीय व्यवहार की ओर आकृष्ट कराना चाहता हूँ। 20 नवम्बर को मैं अपने परिवार के साथ नरायणपुर से रामनगर डिपो तक बस नं. एम–10 क्यू 4572 में यात्रा कर रहा था। नारायणपुर से रामनगर का किराया रु. 10 है। कंडक्टर ने रु. 10 प्रति टिकट के हिसाब से 6 टिकट के 60 माँगे और मैंने उसे सौ रुपये का नोट थमा दिया। कंडक्टर ने छुट्टे पैसे देने को कहा। छुट्टे पैसे न होने से मैं भी विवश था। कंडक्टर ने बाकी के पैसे बाद में देता हूँ कहकर आगे बढ़ गया। जब मेरा स्टॉप नज़दीक आने लगा तो मैंने उससे बकाया पैसे माँगे। उसने तब भी कहा कि उसके पास छुट्टे पैसे नहीं है। अपना स्टॉप आने पर मुझे मजबूरन बिना पैसों के बस से उतरना पड़ा। कंडक्टर का बैज न. 6734 है।

मेरा आपसे अनुरोध है कि इस कंडक्टर के ख़िलाफ़ उचित कार्रवाई की जाये, जिससे वह इस तरह का व्यवहार पुनः करने की हिम्मत न कर सके।

भवदीय
(अपना नाम)

(नमूना-3)
ख़राब टेलीफ़ोन के सम्बन्ध में शिकायती पत्र

(अपना पता)

दिनांक........

सेवा में,

क्षेत्रीय प्रबंधक, दूरध्वनि केंद्र,

कालातालाब, कल्याण।

विषय:-टेलीफ़ोन ठीक करने के लिए

महोदय,

निवेदन है कि मैं कल्याण के 'भीम नगर' का निवासी हूँ। मेरा टेलीफ़ोन नम्बर–23768549 है, जो पिछले 15 दिन से ख़राब है। मैंने दिनांक........को शिकायत भी की थी। मेरा शिकायत नम्बर 347 है। पुनः दिनांक.. ....को पूछताछ करने पर केबल की ख़राबी बताई गयी, जबकि मेरे पड़ोस के लोगों को फ़ोन सुचारु रूप से कार्य कर रहा है। मेरे पिता दिल के मरीज़ हैं। टेलीफ़ोन बन्द होने से मुझे जो मानसिक कष्ट हो रहा है, उसका अंदाज़ा आप लगा सकते हैं।

अतः आपसे अनुरोध है कि अपने कर्मचारियों को भेजकर बन्द पड़े टेलीफ़ोन को जल्द–से–जल्द ठीक कराने का कष्ट करें।

सधन्यवाद,

भवदीय

(अपना नाम)

(नमूना-4)
रसोई गैस सिलेण्डर की आपूर्ति की अनियमितता के सम्बन्ध में शिकायती पत्र

(अपना पता)

दिनांक.........

सेवा में,

व्यवस्थापक,

बलदेव गैस एजेंसी, भावनगर।

विषय:-गैस सिलेण्डर की आपूर्ति की अनियमितता

महोदय,

निवेदन है कि मैंने दो सप्ताह पहले दिनांक............को आपके कार्यालय में गैस सिलेण्डर अर्थात् रिफिल हेतु अपना उपभोक्ता क्र. 5674 दर्ज करवाया था। खेद के साथ सूचित करना पड़ रहा है कि 20 दिन व्यतीत हो जाने के बावजूद भी गैस सिलेण्डर नहीं मिला है। जो लोग 20–25 रुपये अतिरिक्त देते हैं, कर्मचारी उन्हें तुरन्त सिलेण्डर देकर कृतार्थ कर देते हैं। ऊपरी पैसे न देने वाले उपभोक्ताओं के साथ कर्मचारी टाल–मटोल का रवैया अपनाते हैं। और उनके लाख कहने पर भी सिलेण्डर 15–20 दिन बाद पहुँचाते हैं। कुछ पूछने पर सीधे मुँह से बात नहीं करते। इनके रवैए से हमें काफ़ी कठिनाइयों का सामना करना पड़ता है।

अतः आपसे अनुरोध है कि सिलेण्डर पहुँचाने वाले कर्मचारियों से पूछताछ कर उन्हें इस सम्बन्ध में आवश्यक अनुदेश दें। आशा है कि आप हमें होने वाली असुविधा से अवश्य मुक्ति दिलवाएंगे।

सधन्यवाद,

भवदीय,

(अपना नाम)

(नमूना-5)
क्षतिपूर्ति हेतु रेलवे विभाग को शिकायती पत्र
अरुणिमा टेक्सटाइल्स

(अपना पता)
दिनांक.........

सेवा में,

मुख्य व्यावसायिक प्रबन्धक,
मध्य रेलवे, कल्याण।

महोदय,

हमने कल कमल टेक्सटाइल, वाराणसी द्वारा भेजे गये बनारसी साड़ियों के चार गट्ठरें छुड़ाई हैं। वाराणसी से रेलवे की बिल्टी संख्या.......द्वारा दिनांक........को भेजी गयी थी, जिसमें से हमें एक गट्ठर का पैकिंग टूटा हुआ मिला। इस बात की पुष्टि कल्याण के सहायक स्टेशन मास्टर ने भी की है।

बिल के अनुसार इस पैकिंग के साड़ियों को गिनने पर पता चला कि चार बनारसी साड़ियाँ इस गट्ठर में से निकाली गयी हैं, जबकि अन्य तीन गट्ठर में 100–100 साड़ियाँ हैं, सिर्फ़ इसी गट्ठर में हमें 96 साड़ियाँ मिली हैं। साड़ियों के निकाले जाने से हमें 8000 रुपये की हानि हुई है, जिसके लिए रेलवे उत्तरदायी है।

आपकी जानकारी एवं सुविधा के लिए हम साड़ियों का बीजक भी संलग्न कर रहे हैं, जिससे आपको इन साड़ियों का सही मूल्य ज्ञात हो जायेगा। आशा है कि जाँच–पड़ताल कर आप हमें क्षतिपूर्ति की रक़म दो सप्ताह के भीतर भुगतान कराने की कृपा करेंगे।

सधन्यवाद,

भवदीय
कृते, अरुणिमा टेक्सटाइल्स प्रबंधक
(अपना नाम)

(नमूना-6)
टूटे सामान के लिए शिकायती पत्र
जगन फ़र्नीचर

(अपना पता)
दिनांक.......

सेवा में,

सर्वश्री ओमेगा फ़र्नीचर

20, फ़र्नीचर बाज़ार, उल्हासनगर–3

आपके द्वारा प्रेषित दिनांक.........का पार्सल हमें प्राप्त हुआ। इस पार्सल की पैकिंग खोलने पर ज्ञात हुआ कि आपके द्वारा भेजी गयीं शोकेस और श्रृंगारदानी में से 5 शोकेस और 3 श्रृंगारदान के शीशे चटक गये हैं। सात शोकेस के शीशे ठीक से न बैठाये जाने के कारण पूरी तरह से बन्द नहीं हो रहे हैं।

ऐसा लगता है कि यह गड़बड़ी आपके पैकिंग करने वाले कर्मचारियों की लापरवाही की वजह से हुई है। हमने चटक गये शोकेस और श्रृंगारदान की शीशे आपके ट्रक ड्राइवर को भी दिखाए थे। कृपया इन त्रुटियों को दूर करने तथा पुनः शीशे लगाने के लिए अपने कुशल कारीगर को भेजने का कष्ट करें।

सधन्यवाद,

भवदीय
(अपना नाम)
व्यवस्थापक

(नमूना-7)

[सार्वजनिक]
बिजली आपूर्ति की अनियमितता के सम्बन्ध में शिकायती पत्र

(अपना पता)

दिनांक........

सेवा में,

कार्यकारी अभियंता,

महाराष्ट्र राज्य विद्युत् मण्डल,

शान्ति चैम्बर्स, वाशिंद–421601

विषय :-बिजली आपूर्ति की अनियमितता

महोदय,

मुझे दुःख के साथ लिखना पड़ रहा है कि वाशिंद के लोग बिजली की आँखमिचौली से बेहद परेशान हैं। शुक्रवार को तो बिजली बन्द होती ही है, पर अकसर शाम को बिना किसी उचित कारण के बिजली चली जाती है। परिणामस्वरूप जनता, व्यापारियों और विद्यार्थियों को काफ़ी कठिनाई होती है। ऐसी स्थिति में व्यक्ति घर में चैन से नहीं रह सकता। बिजली के आने और जाने से गर्मी के कारण लोग परेशान हो जाते हैं। विद्यार्थियों की परीक्षाएं नज़दीक होने से बिजली व्यवधान का ख़ासा असर बच्चों की पढ़ाई पर भी पड़ रहा है। बिजली घर के कर्मचारी इतने अनियमित होते जा रहे हैं कि किसी भी वक़्त विद्युत् प्रवाह रोक देते हैं।

अतः आपसे अनुरोध है कि बिजली की आपूर्ति की अनियमितता दूर कर वाशिंद क्षेत्र में विद्युत् आपूर्ति बनाये रखें।

सधन्यवाद,

भवदीय,

(अपना नाम)

(नमूना-8)

पानी की समस्या के विषय में शिकायती पत्र

सेवा में,

आयुक्त,

उल्हासनगर महागनर पालिका,

उल्हासनगर।

विषय:-पानी की समस्या

महोदय,

सविनय निवेदन है कि हम सब 'गाँधी नगर' के निवासी बहुत ही हतोत्साहित एवं विवश होकर इस पत्र के माध्यम से आपका ध्यान इस नगर में व्याप्त पानी की समस्या की ओर दिलाना चाहते हैं।

'गाँधी नगर' का विकास जिस गति से हुआ है, उस गति से जन सुविधाएँ नहीं विकसित हुईं। यहाँ के निवासियों को समय पर पानी न मिलने से काफ़ी कठिनाइयों का सामना करना पड़ता है। दिन में एक बार तेल की धार की तरह यहाँ नल में पानी आता है, वह भी सिर्फ़ आधे घण्टे के लिए। कभी–कभी तो दो–दो दिन तक पानी ही नहीं आता। पानी के लिए कई बार लोगों के बीच मार–पीट भी हो जाती है।

समय पर पानी न मिलने से हम लोगों को अन्य स्थानों से या फिर बोरिंग पम्प पर से पानी लाना पड़ता है, जिससे काफ़ी कठिनाई होती है। 4 इंच पाइप लाइन डालने की स्वीकृति भी मिल चुकी है। तीन वर्ष व्यतीत हो जाने पर भी काम अभी तक शुरू नहीं हुआ है। उम्मीद थी कि महानगर पालिका की स्थापना के बाद स्थिति में काफ़ी कुछ सुधार अवश्य होगा, परन्तु आज भी स्थिति ज़्यों की त्यों बनी हुई है।

आशा है कि आप इस दिशा में कुछ सकारात्मक क़दम उठाकर हम लोगों को पानी की समस्या से मुक्ति दिलायेंगे।

सधन्यवाद,

भवदीय,

दिनांक.......

(अपना व इलाके के कुछ लोगों के नाम)

(नमूना-9)

बैंक कर्मचारियों के कार्य शिथिलता के विषय में शिकायती पत्र

सेवा में,

बैंक प्रबंधक,

ओरिएंटल एण्ड कॉमर्स बैंक

197, पश्चिम विहार

नई दिल्ली–110063

विषय:-कर्मचारियों की कार्यशिथिलता

महोदय,

सविनय निवेदन है कि मैं बैक कर्मचारियों के रवैये से काफ़ी परेशान हो चुका हूँ। इस बैंक में भुगतान के लिए वैसे तो तीन काउन्टर है, पर दो काउण्टर हमेशा बन्द ही रहते हैं। एक ही काउंटर खुले रहने से लोगों को लम्बी कतार में खड़े रहने के लिए मजबूर होना पड़ता है। बैंक कर्मचारी कार्य के दौरान अकसर अपनी मेज़ पर न होकर अपने सहयोगी कर्मचारियों के पास जाकर गप्पें मारते हुए चाय–पान करते हैं। ग्राहक भुगतान खिड़की पर बेसब्री से इनका इन्तज़ार करते रहते हैं।

बैंक की इस शाखा में ग्राहकों को सुविधाओं से अवगत कराने हेतु एक चार्ट लगाया गया है, जिसमें यह उल्लेख किया गया हे कि चेक या निकासी पर्ची काउन्टर पर जमा किये जाने के 20 मिनट के भीतर राशि प्राप्त की जा सकती है। वास्तव में 30 से 40 मिनट के पहले कभी भी भुगतान नहीं किया जाता। जमा किये गये चेक के भुगतान में भी चार से पाँच दिन का समय लग जाता है।

अतः आपसे विनम्र निवेदन है कि सम्बन्धित कर्मचारियों को आवश्यक अनुदेश देकर हमारी परेशानियों को दूर करने का कष्ट करें।

सधन्यवाद,

भवदीय

दिनांक....

(अपना नाम और पता)

(नमूना-10)

डाक-घर की अव्यवस्था के सम्बन्ध में शिकायती पत्र

सेवा में,

डाक अधीक्षक,

डाक–भवन,

सुन्दर विहार,

नई दिल्ली।

महोदय,

विनम्र निवेदन है कि हम सुन्दर विहार के निवासी यहाँ के डाकघर की अव्यवस्था से काफ़ी परेशान हैं। इस डाकघर में पिछले कई दिनों से डाक–सामग्री बराबर नहीं मिल पा रही है। यदि लिफ़ाफ़ा है, तो पोस्टकार्ड नहीं, पोस्टकार्ड है, तो मनीऑर्डर फार्म नहीं। कई बार आग्रह करते हुए माँगने पर जवाब मिलता है, 'नहीं है।' डाकघर के इस रवैये से हम सुन्दर विहार के निवासियों को काफ़ी कठिनाई का सामना करना पड़ रहा है।

यहाँ की एक समस्या और है, डाकिया यहाँ से पोस्ट बॉक्स से समय पर डाक नहीं निकालता। इसी वजह से डाक अकसर देर से पहुँचती है। इसके अलावा यहाँ डाक–वितरण की व्यवस्था भी ठीक नहीं है। हमें कभी भी उचित समय पर पत्र नहीं मिलते, जिसकी वजह से हमारे कई बने–बनाए काम बिगड़ जाते हैं।

आपसे निवेदन है कि इस मामले में उचित कार्रवाई करें। आशा है कि आप हमारी असुविधा दूर करने का कष्ट करेंगे।

सधन्यवाद,

भवदीय

दिनांक....

(सुन्दर विहार के निवासी)

(शिकायतकर्ता निवासियों के नाम, पते व मोबाइल नम्बर)

(नमूना-11)
मुहल्ले में फैली गन्दगी के विषय में शिकायती पत्र

सेवा में,

स्वास्थ्य अधिकारी,

उत्तम नगर,

नई दिल्ली।

विषयः मुहल्ले में फैली गन्दगी

महोदय,

विनम्र निवेदन है कि पिछले कुछ महीनों से उत्तम नगर की नालियों एवं गटरों की साफ़–सफ़ाई बिल्कुल नहीं हो रही है। गटरों और सड़कों की सफ़ाई ठीक ढंग से न होने के कारण नालियाँ कचरे से भरी हैं। परिणामस्वरूप गटरों का पानी रास्तों पर बहते हुए लोगों के घरों में चला जाता है। सफ़ाई कर्मचारियों द्वारा उचित ध्यान न देने से यहाँ गन्दगी का साम्राज्य फैला हुआ है। कचरों के ढेर पर सूअर घूम–घूम कर उसे और भी फैला देते हैं। चूहों और मच्छरों की भरमार तो होती ही जा रही है। मक्खिओं और मच्छरों को मारने के लिए कीटनाशक दवाइयों एवं फव्वारे का छिड़काव भी नहीं किया जाता, जो कि यहाँ के निवासियों के स्वास्थ्य के लिए बेहद ज़रूरी है। अगर यही स्थिति रही तो भयंकर महामारी फैल सकती है। इस प्रकार उत्तम नगर के निवासियों का जीवन ख़तरे में पड़ सकता है।

अतः आपसे आग्रह है कि शीघ्र ही इस ओर ध्यान दें।

सधन्यवाद,

भवदीय,

(उत्तम नगर के निवासी)

दिनांक..... (निवासियों के नाम–पते व फोन नंबर)

(नमूना–12)

मिट्टी के तेल की अवैध बिक्री के विषय में शिकायती पत्र

सेवा में,

राशनिंग अधिकारी,
राशनिंग कार्यालय,
मादीपुर, पश्चिम विहार,
नई दिल्ली।

विषयः-मिट्टी के तेल की अवैध बिक्री

महोदय,

हम मादीपुर के निवासी आपसे विनम्र निवेदन करते हैं कि हमारे इलाके में स्थित राशन की दुकान पर से हम राशन कार्ड धारकों को शक्कर तो कभी–कभी किसी तरह से मिल जाती है, लेकिन मिट्टी का तेल ठीक समय पर नहीं मिल पाता। इस दुकान पर जब कोई ग्राहक मिट्टी का तेल लेने जाता है तो दुकानदार यह कह कर लौटा देता है कि मिट्टी का तेल आया ही नहीं है। जब आयेगा तब दिया जायेगा। एक–दो दिन के बाद पुनः पूछे जाने पर ख़त्म हो जाने का बहाना बना देता है। दुकानदार के इस रवैये से राशनकार्ड धारकों को अकसर मिट्टी का तेल नहीं मिल पाता है। शिकायत पुस्तिका में शिकायत दर्ज करने पर भी कोई विशेष सुधार नहीं हुआ। असामाजिक तत्त्वों की मिलीभगत से अनाज, शक्कर और मिट्टी के तेल की जमकर कालाबाज़ारी हो रही है।

अतः आपसे अनुरोध है कि इस भ्रष्ट दुकानदार और कालाबाज़ारी करने वालों के ख़िलाफ़ सख़्त–से–सख़्त कार्रवाई की जाये। आशा ही नहीं पूर्ण विश्वास है कि आप हमारे इस पत्र पर ग़ौर करते हुए उचित कार्रवाई करेंगे।

सधन्यवाद,

हम हैं आपके मादीपुर के निवासी,

दिनांक........

(शिकायतकर्ताओं के नाम, पते व मोबाइल नंबर्स)

७

संपादक के नाम पत्र

सभी समाचार पत्र–पत्रिकाओं का अपना एक विशिष्ट महत्त्व होता है। समसामयिक प्रसंगों और जन–भावनाओं को प्रकाशित करने का समाचार पत्र सबसे सरल माध्यम है। व्यक्तिगत या सार्वजनिक कठिनाइयों और सम्बन्धित अधिकारियों एवं सरकार आदि का ध्यान आकर्षित करने या आवश्यक सुधार–हेतु, समसामयिक घटनाओं, ज्वलंत प्रश्नों, समाचार, महत्त्वपूर्ण, सुझाव, शिकायत, विचार, विवरण और अपील आदि के विषय में संपादक को पत्र लिखे जाते हैं। संपादक के नाम लिखे जाने वाले पत्रा में प्रेषक को अपना नाम और पता अवश्य लिखना चाहिए। किन्हीं कारणों वश नाम व पता न छापने हेतु भी संपादक से आग्रह किया जा सकता है। स्पष्टता और संक्षिप्तता के साथ–साथ ये पत्रा चुस्त–दुरुस्त भी होने चाहिए।

(नमूना-1)

रचना प्रकाशन करने हेतु संपादक के नाम पत्र

(अपना पता)

दिनांक..........

सेवा में,

संपादक,

दैनिक हिन्दुस्तान,

नई दिल्ली।

प्रिय महोदय,

निवदेन यह है कि मैं आपके ख्याति प्राप्त दैनिक समाचार पत्र के रविवारीय संस्करण के 'बचपन' स्तंभ के अन्तर्गत अपनी कविता 'मेरा प्यारा बस्ता' प्रकाशनार्थ हेतु भेज रहा हूँ।

कृपया रचना प्रकाशित कर कृतार्थ करें।

सधन्यवाद,

भवदीय,

(अपना नाम)

संलग्न : रचना

(नमूना-2)

सदस्यता शुल्क भेजते हुए पत्रिका के सम्पादक के नाम पत्र

(अपना पता)
दिनांक...........

सेवा में,

सचिव,

साहित्य अकादमी,

रवीन्द्र भवन, 35 फ़िरोजशाह मार्ग,

नई दिल्ली–110001

प्रिय महोदय,

'समकालीन भारतीय साहित्य' की वार्षिक सदस्यता के लिए सदस्यता शुल्क रुपये......मनीआर्डर द्वारा भेज रहा हूँ।

कृपया सदस्यता शुल्क मिलते ही पत्रिका उपर्युक्त पते पर नियमित रूप से भेजवाने का कष्ट करें।

सधन्यवाद,

भवदीय
(अपना नाम)

(नमूना-3)

[समाचार]

अग्निकांड के सम्बन्ध में सम्पादक को पत्र

(अपना पता)
दिनांक.........

सेवा में,

संपादक,

लोकमत,

मुम्बई–21

महोदय,

विनम्र निवेदन यह है कि लोकप्रिय दैनिक समाचार पत्र में निम्नलिखित समाचार प्रकाशनार्थ भेज रहा हूँ। आशा है समाचार पत्र में शीघ्र ही स्थान देने की कृपा करेंगे।

सधन्यवाद,

भवदीय
(अपना नाम)

संलग्न : समाचार

भयंकर अग्निकांड में 50 झोपड़े स्वाहा

सोमवार की रात शादीपुर, नई दिल्ली, झोपड़पट्टी में लगी आग में 5 व्यक्ति की मृत्यु हो गयी तथा 20 व्यक्ति गम्भीर रूप से घायल हो गये। दमकल सूत्रों के अनुसार करीब 50 झोपड़े आग में स्वाहा हो गये। रात 12:00 बजे लगी आग को लगभग डेढ़ घण्टे बाद बुझाया जा सका। बताया गया है कि अग्निकाण्ड में लगभग 3 लाख रुपये की सम्पत्ति जलकर राख हो गयी।

घायलों को राममनोहर लोहिया अस्पताल में दाख़िल कर दिया गया है। आग लगने के कारणों की जाँच की जा रही है।

(नमूना-4)

शव बरामद होने के सम्बन्ध में संपादक को पत्र

(अपना पता)

दिनांक........

सेवा में,

संपादक,

नवभारत टाइम्स

7, बहादुरशाह जफ़र मार्ग,

नई दिल्ली।

महोदय,

आपसे अनुरोध है कि अपने लोकप्रिय समाचार पत्र में संलग्न समाचार प्रकाशित करने की कृपा करें।

सधन्यवाद,

भवदीय

(अपना नाम)

संलग्न : समाचार

सेवा में,

सचिव,

लावारिस शव बरामद

पूर्वी दिल्ली गाँधी नगर के एक पार्क में संदिग्ध अवस्था में एक युवक की नग्न लाश पाई गयी। 20 से 25 वर्ष की उम्र के इस युवक की हत्या धारदार हथियार से की गयी है। पुलिस का मानना है कि युवक के कपड़े उतारने के पीछे उसकी शिनाख्त न होने का इरादा है।

मृत देह के गले, बाहों, छाती, कन्धों आदि कई जगहों पर हथियार के वार के निशान हैं। पुलिस को इस युवक की लाश के बारे में सूचना एक अज्ञात फ़ोन से मिली। गाँधीनगर पुलिस थाने के सबइंस्पेक्टर भवानी सिंह को किसी ने फ़ोन पर बताया कि गाँधीनगर के बस स्टैंड पार्क में एक लाश पड़ी हुई है। सब इंस्पेक्टर भवानी सिंह ने सूचना के मुताबिक मौका–ए–वारदात पर जाकर लाश बरामद की और पंचनामा किया। पुलिस लाश की शिनाख्त करने का प्रयास कर रही है।

(नमूना-5)

वाहन दुर्घटना के सम्बन्ध में संपादक को पत्र

(अपना पता)

दिनांक.......

सेवा में,

संपादक,
नवभारत टाइम्स,
7, बहादुरशाह ज़फ़र मार्ग,
नई दिल्ली।

महोदय,

निवेदन यह है कि निम्नलिखित समाचार आपके लोकप्रिय अख़बार में प्रकाशनार्थ भेज रहा हूँ। कृपया इस प्रकाशित करने का कष्ट करें।

सधन्यवाद,

भवदीय,
(अपना नाम)

संलग्न : समाचार

ट्रक-जीप टक्कर में दो मरे, चार घायल

महिपालपुर, दिनांक.........को गुड़गाँव हाइवे मार्ग पर कल रात एक जीप और ट्रक की ज़बरदस्त भिड़न्त हो गयी। ट्रक की ज़ोरदार टक्कर से जीप के परखच्चे उड़ गये, जिनमें दो व्यक्तियों की मौका-ए-वारदात पर मृत्यु हो गयी और चार बुरी तरह से घायल हो गये। घायलों को तुरन्त महिपालपुर के सरकारी अस्पताल में भर्ती करवाना पड़ा।

जीप दिल्ली से जयपुर जा रही थी और ट्रक अलवर से कानपुर की ओर जा रहा था। ट्रक में बैठे किसी भी यात्री को गहरी चोट नहीं लगी है, जबकि जीप चालक मनोहर की मौत हो गयी। छानबीन करने के बाद पता चला कि इस दुर्घटना में ग़लती ट्रक ड्राइवर की ही थी। नशे में होने के कारण उसने बिना किसी प्रकार का संकेत दिये ही अचानक ट्रक को महिपालपुर की ओर मोड़ दिया। परिणामस्वरूप जीप ट्रक से टकरा गयी। ट्रक ड्राइवर की इस लापरवाही से किसी के प्राण पखेरू उड़ जाना एक तरह से दुःखदायी है। ऐसी दुर्घटनाओं को रोकने के लिए नशे में वाहन चलाने वालों पर कड़ी कार्रवाई की जानी चाहिए, जिससे भविष्य में इस प्रकार की दुर्घटना की पुनरावृत्ति न हो।

(नमूना-6)

सुझाव
समाचार पत्रों में प्रकाशित सामग्री के सम्बन्ध में सुझाव

(अपना पता)
दिनांक.......

सेवा में,
    संपादक,
    नवभारत, मुम्बई–400001

महोदय,

मैं नियमित रूप से आपके अख़बार का पाठक हूँ। हर सप्ताह 'सुरुचि' का अंक का बड़ी बेसब्री से इन्तज़ार करता हूँ। 'सुरुचि' वास्तव में ज्ञान का पिटारा है। इसके सभी लेख व स्तंभ विशेषकर 'हस्ताक्षर' अत्यन्त सराहनीय होता है।

सुरुचि को और लोकप्रिय बनाने के लिए मेरा छोटा-सा सुझाव है कि यदि 'अमृतवाणी' और 'इनामी वर्ग पहेली' को भी इसमें स्थान दिया जाये तो नवभारत 'सुरुचि' और लोकप्रिय ही नहीं, अपितु लघु पत्रिका का स्वरूप ग्रहण कर सकती है।

आशा है, आप इस सुझाव पर अवश्य ग़ौर करेंगे।

सधन्यवाद,

भवदीय
(अपना नाम)

(नमूना–7)
धूम्रपान रोकने आदि के सम्बन्ध में सुझाव

(अपना पता)
दिनांक.........

सेवा में,

    प्रधान सम्पादक,

    जनसत्ता,

    नई दिल्ली।

महोदय,

चार नवम्बर को 'जनसत्ता' में सिंगापुर में 'सिगरेट पीने वाले नवयुवकों पर जुर्माना' समाचार पढ़ा, जिसमें 18 वर्ष से कम उम्र के नवयुवकों द्वारा धूम्रपान किये जाने पर जुर्माना किया गया।

इस सम्बन्ध में मेरा सुझाव है कि काश इसी तरह का कानून अपने भारत देश में भी बनाया जाता। आज 18 साल से कम उम्र के नवयुवक भी रास्ते पर खुलेआम कश पर कश छोड़ते हुए सिगरेट पी रहे हैं। मानो सिगरेट पीना भी अब एक फ़ैशन हो गया हो। ग़ौर से देखें तो धूम्रपान कोई स्वास्थ्यवर्धक चीज़ नहीं है, बल्कि इसके रासायनिक तत्त्वों से प्रभावित होने पर व्यक्ति दमा एवं कैंसर जैसी भयंकर बीमारियों का शिकार हो जाता है। नवयुवक यदि निश्चय कर लें, तो वह स्वयं इससे मुक्ति पा सकते हैं और आने वाली पीढ़ियों के लिए भी आदर्श बन सकते हैं।

सिगरेट पीने के लिए प्रेरित करने वाले कार्यक्रमों एवं विज्ञापनों पर भी रोक लगायी जानी चाहिए। सिगरेट कम्पनियों द्वारा अब पैकेट पर वैधानिक चेतावनी छपवा देने से कोई लाभ नहीं होगा। विद्यालय और महाविद्यालय के परिसर में इनकी बिक्री और धूम्रपान करने वालों पर सख्त से सख्त जुर्माना किया जाये।

सिगरेट और गुटकों के सेवन से होने वाले रोग की जानकारी देते हुए विविध कार्यक्रमों के प्रसारण एवं जनसाधारण के अभियान द्वारा भी घूम्रपान पर रोक लगाई जानी चाहिए। देश की भावी पीढ़ी को इस गर्त में डूबने से बचाते हुए, अपने भारत देश को भी धूम्रपान मुक्त राष्ट्र बनाया जा सकता है।

सधन्यवाद,

भवदीय
(अपना नाम)

(नमूना-8)

कार्यक्रम के मध्य में विज्ञापन प्रसारण न करने हेतु सुझाव

(अपना पता)

दिनांक.........

सेवा में,

सम्पादक,

यशोभूमि,

मुम्बई–17

महोदय,

सविनय निवेदन है कि दूरदर्शन पर अच्छे कार्यक्रमों एवं धारावाहिकों को अधिक समय न देकर विज्ञापनों को अधिक दिखलाया जाता है। धार्मिक धारावाहिक हो या, क्रिकेट–मैच जैसे ही दिलचस्प प्रोग्राम आते हैं, उसे रोककर विज्ञापन का प्रसारण प्रारम्भ कर दिया जाता है। यही नहीं समाचार–प्रसारण के समय भी विज्ञापनों के बीच में बार–बार इस तरह प्रसारित करने से खेल एवं धारावाहिक का आनन्द किरकिरा हो जाता है। ऐसा न हो इसलिए विज्ञापन का प्रसारण या तो कार्यक्रम के पूर्व करें या, कार्यक्रम समाप्त होने के बाद किया जाये।

आशा है, इस सुझाव पर दूरदर्शन अधिकारी ध्यान देंगे।

सधन्यवाद,

भवदीय

(अपना नाम)

(नमूना-9)

सम्पादक को परिवहन निगम के कंडक्टरों के दुर्व्यवहार की शिकायत

(अपना पता)

दिनांक.............

सेवा में,

सम्पादक महोदय,

'हिन्दुस्तान'

नई दिल्ली–110001

प्रिय महोदय,

समाचार पत्रों में नित्य ही कंडक्टरों के अशिष्ट व्यवहार की असंख्य शिकायतें पढ़ने को मिलती हैं। पिछले सप्ताह दिल्ली परिवहन निगम की बस संख्या डी एल 1 पी 6483 में मुझे बड़ा ही कटु अनुभव हुआ। सराय काले खां अन्तर्राष्ट्रीय बस अड्डे से फरीदाबाद के लिए बस चली ही थी कि एक महिला यात्री के साथ किराए के लेन–देन पर बहस हो गयी। कंडक्टर तुरन्त ही आपे से बाहर हो गया और महिला से अभद्र भाषा में बात करने लगा। उसके इस व्यवहार पर अन्य यात्रियों ने आपत्ति की तो उसने महिला को बस से उतार देने की धमकी दी। इस पर सभी यात्री उसके विरोध में बोलने लगे तो उसने बदरपुर पहुँचने पर अकारण ही बस को रुकवा दिया। ड्राइवर औश्र कंडक्टर बस को छोड़कर बाहर बैठ गये। चिलचिलाती धूप में सवारियां परेशान हो गयीं तो लगभग एक घण्टे बाद बस आगे बढ़ी। यह घटना उनकी लापरवाही और अभद्रता का ज्वलंत उदाहरण है।

मैं आपके सम्मानित पत्र के माध्यम से दिल्ली परिवहन निगम के उच्च अधिकारियों से निवेदन करना चाहता हूँ कि वे अपने कर्मचारियों को यात्रियों से शिष्ट और सभ्य व्यवहार करने का प्रशिक्षण दें और अशिष्ट व्यवहार करने वालों को कठोर दण्ड देने की व्यवस्था भी करें।

भवदीय

(अपना नाम)

(नमूना-10)

संपादक को पत्र-मुहल्ले में चल रही जुआख़ोरी के सम्बन्ध में

(अपना पता)

दिनांक.........

सेवा में,

सम्पादक महोदय,

नवभारत टाइम्स,

7, बहादुरशाह ज़फर मार्ग,

नई दिल्ली।

प्रिय महोदय,

आजकल हमारे मुहल्ले में जुआख़ोरी का प्रचलन बड़े पैमाने पर हो रहा है। कई स्थानों पर जुए के गुप्त अड्डे खुल गये है। मुहल्ले में नये–नये चेहरे दिखायी देते हैं। विगत एक माह से अवैघ रूप से चल रहे जुए के अड्डों पर लाखों रुपयों की हार–जीत हो चुकी है। पुलिस को भी इस सम्बन्ध में सूचित किया गया, लेकिन जुआ खेलने वालों पर उसका कोई प्रभाव नहीं। लगता है पुलिस के कुछ कर्मचारी जुआघर चलाने वालों से मिले हुए हैं।

जुआखोरी होने के कारण क़ानून–व्यवस्था की समस्या उत्पन्न हो गयी है, क्योंकि प्रतिदिन जुआरियों के बीच झगड़ा और मार–पीट होती है, जिससे मुहल्ले की शान्ति भंग हो गयी है। छोटी–मोटी चोरियाँ होना तो आम बात हो गयी है।

आशा है कि आप हमारी समस्या को अपने पत्र में प्रकाशित कर कृतार्थ करेंगे, ताकि अधिकारी जुआखोरी बन्द करवाने के लिए समुचित कार्यवाही करें।

भवदीय

(अपना नाम)

(नमूना-11)

पुलिस की लापरवाही के कारण गुंडागर्दी के बारे में सम्पादक को पत्र

(अपना पता)

दिनांक.........

सेवा में,

संपादक महोदय,

'राजस्थान पत्रिका', दैनिक,

जयपुर।

प्रिय महोदय,

मैं आपके सम्मानित पत्र के माध्यम से समाज में बढ़ रही गुंडागर्दी की ओर ध्यान आकर्षित करना चाहता हूँ। आजकल नित्य ही गुंडों की अनेक प्रकार की काली करतूतों के समाचारों से समाचार पत्रों के पृष्ठ रंगे होते हैं। जनता का जीवन असुरक्षित हो गया है। दिन–दहाड़े हत्याएं, डकैतियां, लूटपाट, अपहरण, बलात्कार, आगजनी जैसी घटनाएं हो रही हैं। जीवन कहीं भी सुरक्षित नहीं रह गया है। महिलाएं इन दुष्कर्मों का सबसे अधिक शिकार हो रही हैं।

प्रश्न यह है कि इस गुंडागर्दी से छुटकारा कैसे मिले। सरकारी तन्त्र कहता है कि इसकी रोकथाम के लिए पुलिस बल बढ़ाया जा रहा है। अधिक थाने खोले जा रहे हैं। पुलिस की गश्त बढ़ाई जा रही है। परन्तु विडंबना यह है कि ज्यों–ज्यों पुलिस बल बढ़ रहा है, त्यों–त्यों अपराध भी बढ़ रहे हैं। इसलिए सहज ही यह प्रश्न उठता है कि कहीं पुलिस ओर गुंडा तत्त्वों में साँठ–गाँठ तो नहीं है।

सीधा आरोप तो तब तक नहीं लगाया जा सकता, जब तक पर्याप्त प्रमाण न हों, परन्तु ऐसे समाचार प्रायः आते हैं कि गुंडे पुलिस से मिले होते हैं। लूटपाट करके वे पुलिस को उसका हिस्सा देते हैं और बदले में पुलिस उन्हें निडर होकर घूमने का अवसर देती है। अन्यथा क्या कारण है कि गुंडे पकड़े नहीं जाते और यदि पकड़े भी गये तो पुलिस इतना कमज़ोर केस बनाती है कि वे तुरन्त छूट जाते हैं।

इस बात से साफ़ ज़ाहिर होता है कि पुलिस अपने कर्तव्य के प्रति लापरवाह है। उसका काम है आम जनता की जान–माल की सुरक्षा करना। उसे लूटपाट से बचाना। समाज में शान्ति बनाए रखना। यह सब पुलिस के मूल कर्तव्यों में है, परन्तु वे अपना कर्तव्य भूल जाते हैं और रक्षक के स्थान पर भक्षक तथा पोषक के स्थान पर शोषक बन जाते हैं। मैं मानता हूँ कि सारी पुलिस लापरवाह नहीं है। मैं यह भी मानता हूँ कि उन नेताओं और अफ़सरों का दबाव होता है और इसका कारण पुलिस की लापरवाही के अतिरिक्त और कुछ नहीं है। पुलिस अधिकारियों को चाहिए कि वे शान्त मन से अपने मूल कर्तव्य के बारे में सोचें और सरकार को चाहिए कि वह गुंडों और पुलिस के बीच के सांठगांठ को कठोरता से समाप्त करे। तभी समाज में शान्ति सम्भव है।

आशा है आप मेरे विचारों से सहमत होंगे।

भवदीय

(अपना नाम)

(नमूना-12)

सड़क दुर्घटनाओं को रोकने के सम्बन्ध में सम्पादक को सुझाव

(अपना पता)

दिनांक...........

सेवा में,

प्रधान सम्पादक,
जनसत्ता,
मुम्बई–400021

महोदय,

मैं आपके प्रतिष्ठत एवं जनप्रिय अखबार 'जनसत्ता' के माध्यम से प्रशासनिक अधिकारियों का ध्यान इस ओर दिलाना चाहता हूँ कि महात्मा गाँधी और बदलापुर स्टेशन रोड के मध्य इधर दो महीने में पाँच दुर्घटनाएँ हो चुकी हैं। इस रोड से अस्पताल, कार्यालय और विद्यालय जुड़ा हुआ है। स्टेशन रोड होने के नाते लोगों का दिन भर आना–जाना लगा रहता है। इस सड़क पर वाहन बहुत तेज़ गति से आते–जाते हैं। फुटपाथ न होने से वृद्धों और रोगियों को काफ़ी परेशानी होती है। स्कूली छात्र भी इसी सड़क पर चलने के लिए मज़बूर है। परिणामस्वरूप दुर्घटना होने की संभावनाएं बनी रहती हैं। इन सड़क दुर्घटनाओं को रोकने के सम्बन्ध में मैं कुछ सुझाव देना चाहूँगा–

- ❑ दुकानदारों को अपने स्कूटर और कारें रोड पर खड़ा न करके पार्किंग वाले स्थान पर खड़ा करने का निर्देश दिया जाये तो रोड पर काफ़ी जगह हो जायेगी।
- ❑ महात्मा गाँधी मार्ग के दोनों ओर दुकानों के सामने फेरीवाले और ठेलेवालों को बैठने न देने से भीड़ कम होगी और लोगों को चलने में सुविधा भी होगी।
- ❑ सरस्वती विद्यालय के सामने सड़क गति–अवरोध (Speed-Breaker) और ज़ेब्रा क्रासिंग (Zebra-Crossing) की व्यवस्था की जाये। साथ ही साथ 10 कि. मी. की धीमी गति से वाहने चलाने का निर्देश पट सड़क के किनारे लगवाए जाने से वाहन चालक पहले से ही सतर्क होकर अपने वाहन चलाएंगे।
- ❑ स्टेशन के नज़दीक सिग्नल की व्यवस्था हो और यातायात के नियमों की अवहेलना करने वालों पर उचित कार्रवाई की जाये।
- ❑ सुबह और शाम के समय यातायात अवरुद्ध न हो इसलिए यातायात नियंत्रक पुलिस नियुक्त किये जाये।
- ❑ बदलापुर स्टेशन के सामने से सड़क पार करने वालों की संख्या दिन–प्रतिदिन बढ़ती जा रही है। इस बढ़ती हुई भीड़ को देखते हुए स्टेशन से महात्मा गाँधी मार्ग तक सबवे (Sub-way) की व्यवस्था की जाये, ताकि लोगों को अपने दफ़्तर और घर पहुँचने में विलम्ब एवं कष्ट न हो।

मैं महानगरपालिका और यातायात अधिकारियों से निवेदन करता चाहता हूँ कि उक्त सुझावों पर गहराई से विचार कर सड़क दुर्घटनाओं को रोकने का कष्ट करें।

सधन्यवाद,

भवदीय
(अपना नाम)

पुलिस की लापरवाही के कारण गुंडागर्दी के बारे में सम्पादक को पत्र

(अपना पता)

दिनांक.........

सेवा में,

    संपादक महोदय,

    'राजस्थान पत्रिका', दैनिक,

    जयपुर।

प्रिय महोदय,

(नमूना–13)

पेट्रोल पम्प पर होने वाली मिलावट के सम्बन्ध में संपादक को पत्र

(अपना पता)

दिनांक.......

सेवा में,

सम्पादक महोदय,

वीर अर्जुन,

7, बहादुर शाह ज़फर मार्ग,

नई दिल्ली।

महोदय,

मैं आपके प्रसिद्ध दैनिक समाचार–पत्र के द्वारा सरकार और अधिकारियों का ध्यान मादीपुर इलाके के पेट्रोल पम्प पर होने वाली मिलावट की ओर दिलाना चाहता हूँ। कृपया शिकायत स्तम्भ में प्रकाशित करने का कष्ट करें।

मादीपुर के पेट्रोल पम्प पर जमकर मिट्टी के तेल की मिलावट की जाती है। इस मिलावटी पेट्रोल की बिक्री दिन–दहाड़े हो रही है। बिक्री अधिकारी के सांठ–गांठ से ही पेट्रोल पम्प के वितरक ऐसा कर रहे हैं। बिक्री अधिकारी इनके ख़िलाफ़ कार्रवाई करने के बजाय उनसे अच्छी रक़म वसूलते हैं। ऊँची रक़म भेंट देने के कारण ही ये वितरक मिलावट कर दोनों हाथों से धन बटोरते हैं। इस प्रकार ये जनता के रक्षक न होकर मानो भक्षक बन गये हैं। मिलावटी पेट्रोल से वाहन पर तो बुरा असर पड़ता ही है, साथ–साथ वाहन चालकों को भी काफ़ी कठिनाई का सामना करना पड़ता है। आस–पास के क्षेत्र में कोई और पेट्रोल पम्प न होने की वजव से वाहन चालकों को इसी पेट्रोल पम्प से पेट्रोल लेने के लिए मज़बूर होना पड़ता है।

अतः वाहन चालकों की परेशानियों को देखते हुए क्या केंद्रीय सरकार व वरिष्ठ अधिकारी इन भ्रष्टाचरियों के ख़िलाफ़ जाँच कर सख्त क़दम उठाने की कृपा करें।

सधन्यवाद,

भवदीय

(अपना नाम)

(नमूना-14)

साफ़-सफ़ाई आदि न होने के सम्बन्ध में सम्पादक को पत्र

(अपना पता)
दिनांक.............

सेवा में,
प्रधान सम्पादक
नवभारत टाइम्स,
7, बहादुरशाह ज़फ़र मार्ग,
नई दिल्ली।

प्रिय महोदय,

निवेदन है कि आपके प्रतिष्ठित दैनिक पत्र द्वारा सम्बन्धित अधिकारियों का ध्यान यमुनापार के इलाके गाँधी नगर की ओर आकर्षित करना चाहता हूँ, जहाँ चारों तरफ़ गन्दगी का बोलबाला है।

गाँधी नगर की सड़कों और गलियों की साफ़–सफ़ाई न होने से चारों ओर कचरे का अम्बार लगा हुआ है। यह इलाका पहले इतना उपेक्षित नहीं था, जितना कि अब इसकी उपेक्षा हो रही है। चुनाव के बाद से गाँधीनगर को और नज़रअंदाज़ किया जा रहा है। गन्दगी और दुर्गंध के मारे गाँधीनगर के निवासियों का जीना दुश्वार हो गया है। इस सन्दर्भ में कई बार उच्च अधिकारियों से शिकायत भी की गयी, लेकिन कोई नतीजा सामने नहीं आया। यदि समय रहते उचित ध्यान नहीं दिया गया, तो कई तरह की बीमारियाँ फैल सकती हैं।

मेरा स्वास्थ्य अधिकारियों से अनुरोध है कि गाँधीनगर की सफ़ाई व्यवस्था पर ध्यान देने का कष्ट करें।

सधन्यवाद,

भवदीय
(अपना नाम)

(नमूना-15)

[विचार]

बढ़ती महँगाई के विषय में विचार

(अपना पता)
दिनांक.............

सेवा में,
संपादक महोदय,
'मंथन', मुम्बई।

प्रिय महोदय,

मैं आपके प्रमुख दैनिक पत्र के माध्यम से सरकार का ध्यान बढ़ती हुई महँगाई की ओर खींचते हुए इस सन्दर्भ में अपने विचार प्रकट करना चाहता हूँ। आशा है, आप इसे प्रकाशित करने का कष्ट करेंगे।

सधन्यवाद,

भवदीय
(अपना नाम)

संलग्न : विचार

दिनों-दिन बढ़ती महँगाई

आजकल आये दिन किसी न किसी राजनीतिक पार्टी द्वारा बन्द का आह्वान किया जाता है। मिल और कम्पनियों के बन्द हो जाने से व्यक्ति बेराज़गारी, ग़रीबी, भ्रष्टाचार, कालाबाज़ारी जैसी समस्याओं से जुझ रहा है। ऐसे में बढ़ती महँगाई ने लोगों की हालत और भी बदतर कर दी है। आम आदमी भी सोचता था कि चलो कुछ मिले या न मिले लेकिन किसी तरह, रोटी और प्याज़ से अपनी भूख मिटा ही लेंगे। आज उसी देश मे नमक के साथ–साथ 'प्याज़' के भाव भी आसमान छू रहे हैं। ऐसे में व्यक्ति मेहमानों की क्या ख़ातिरदारी करेगा? हर चीज़ चाहे अनाज, सब्ज़ी, तेल या घी ही क्यों न हो सभी की क़ीमतें दिन–पर–दिन बढ़ती जा रही हैं। परिवार में जहाँ एक व्यक्ति कमाने वाला हो और दो–तीन बच्चे पढ़ने वाले हों, वहाँ मध्यवर्गीय व्यक्ति कहां से इन ख़र्चों की भरपाई करेगा। नेतागण पहले ग़रीबी हटाने की बात करते हैं, उनके सत्ता में आते ही वस्तुओं के दाम कम होने के बजाय और बढ़ा दिये जाते हैं महँगाई की दुःखद बात ज़्यादातर लोगों को विवशता, निराशा और विविध प्रकार की चिन्ता की खाई में ढकेल रही है। आख़िर इस देश के आम नागरिकों को क्या बढ़ती महँगाई से इसी तरह निरन्तर जूझते हुए दम तोड़ देना होगा?

(नमूना-16)

[विचार]

आज की भारतीय नारी सबला है

(अपना पता)

दिनांक................

सेवा में,

संपादक महोदय,

नवभारत टाइम्स,

मुम्बई–400001

प्रिय महोदय,

मैं आपके लोकप्रिय दैनिक समाचार पत्र द्वारा 'आज की नारी सबला है' पर अपने विचार प्रकट करना चाहती हूँ। आशा है, आप इस अपने पत्र के 'लोकवाणी' स्तंभ में स्थान देने की कृपा करेंगे।

सधन्यवाद,

भवदीया

(अपना नाम)

संलग्न : विचार

आज की भारतीय नारी सबला है

भारतीय समाज में पुरुष और नारी, दोनों ही समाज के प्रधान अंग है। दोनों एक–दूसरे के पूरक हैं। परन्तु भारतीय समाज पुरुष प्रधान है, अर्थात्–परिवार की स्त्रियों और बच्चों का वंश वही होता है, जो परिवार के मुखिया पुरुष का होता है। इस आधार पर कुछ लोग तर्क देते हैं कि स्त्रियों में परिवार का नेतृत्व और मार्गदर्शन करने की क्षमता नहीं होती, परन्तु वे यह भूल जाते हैं कि मुखिया पुरुष ही *'गृहिणी गृहम् उच्यते'* *तथा 'बिन घरनी घर भूत का डेरा'* आदि वाक्यों द्वारा घर में स्त्रियों के अस्तित्त्व को स्वीकार करते हैं। वे स्वीकार करते हैं कि स्त्रियों का परिवार में वही स्थान है, जो शरीर में रीढ़ की हड्डी का।

आज की नारी शिक्षित, समझदार, ज़िम्मेदार और आत्मनिर्भर है। बेटी, बहन, माँ, सभी रूपों में परिवार और समाज को अपना अद्वितीय योगदान देती है। बड़े–बड़े शूरवीर, साहित्यकार, चिकित्सक, वैज्ञानिक, दार्शनिक, राजा–महाराजा, सभी नारी की कोख से जन्म लेकर, नारी की गोद में ही जीवन का पहला पाठ सीखते हैं। ऐसी महान् जाति सबला नहीं तो और क्या है!

जहाँ तक स्वभाव की बात है, प्रकृति से ही कोमल समझी जाने वाली नारी विपत्ति–काल में पृथ्वी के समान धैर्यवाली, सहनशील तथा उचित सलाहकार सिद्ध होती है। आज भी इस बात को स्वीकार किया जाता है कि पुरुष की सफलता के पीछे किसी स्त्री का हाथ होता है।

समतामयी नारी शिक्षा, चिकित्सा, विज्ञान, तकनीकी शिक्षा, कंप्यूटर, राजनीति, न्याय, साहित्य, खेल–कूद, संगीत आदि सभी क्षेत्रों में पुरुषों के साथ कंधे से कंधा मिलाकर कार्य कर रही है। प्राथमिक विद्यालयों में शिक्षण–कार्य तथा चिकित्सा के क्षेत्र में नर्सिंग का काम तो उसे अपार प्रशंसा दिलवाता ही रहा है। इन क्षेत्रों में उसका एकाधिकार है।

प्रगतिशीलता के रूप में भारत की स्वतन्त्रता के बाद से नारी जाति आश्चर्यजनक प्रगति करके स्वयं को 'सबला' सिद्ध कर चुकी है। श्रीमती इन्दिरा गाँधी ने कई वर्षों तक भारत की प्रधानमन्त्री का कार्यभार सम्भाला। 1953 में संयुक्त राष्ट्र महासभा की अध्यक्षा श्रीमती विजयालक्ष्मी पण्डित थीं। भारतीय महिला विधायकों और सांसदों में सुचेता कृपलानी, सुषमा स्वराज, शीला दीक्षित के नाम उल्लेखनीय हैं। न्याय के क्षेत्र में दिल्ली उच्च न्यायालय की न्यायाधीश न्यायमूर्ति लीला सेठ को अच्छे–अच्छे लोगों के छक्के छुड़ाते हुए स्पष्ट रूप से देखा जा सकता है।

वीरता, साहस और शौर्य के क्षेत्र में आज 'कल्पना चावला' की शहादत को कौन भूल सकता है। प्रथम महिला छाताधारी महिला 'गीता घोष' तथा अत्याधुनिक वायुयानों की कमांडर सौदामिनी देशमुख ने भारतीय नारियों की वीरता की श्रेणी में लाकर खड़ा कर दिया है। पहली महिला आई. पी. एस. अधिकारी किरण बेदी युगों–युगों तक स्त्रियों की प्रेरणा स्रोत रहेंगी।

इस तरह आज की नारी ने पुरुष वर्ग से अपना लोहा मनवाकर सिद्ध कर दिया है कि आज की नारी पूर्णतया सबला है।

(नमूना–17)

[अपील]

इलाज सम्बन्धी सहायता-हेतु अपील

(अपना पता)

दिनांक...............

सेवा में,

संपादक,

यशोभूमि,

मुम्बई–17

प्रिय महोदय,

सविनय निवदेन है कि इलाज सम्बन्धी सहायता हेतु मेरी अपील अपने प्रतिष्ठित पत्र में प्रकाशित कर अनुगृहीत करें।

सधन्यवाद,

भवदीय

(अपना नाम)

संलग्न : अपील

रक्त कैंसर–इलाज सम्बन्धी सहायता

30 वर्षीय दिनेश कुमार हमारे पंतनगर के निवासी हैं। वह एक कुशल मूर्तिकार हैं। रक्त–कैंसर से पीड़ित होने के कारण उन्हें अस्पताल में भर्ती किया गया है। उनका उपचार करने वाले डॉक्टरों का विचार है कि इस इलाज में कम–से–कम पाँच लाख रुपये लगेंगे। डॉक्टरों की राय है कि दिनेश की कीमोथेरेपी व बोन मैरो ट्रांसप्लांट के इलाज से बचाया जा सकता है। दो माह पूर्व ही उनके पिता का देहान्त हुआ है। दिनेश के परिवार में अन्य सदस्य इस योग्य नहीं है कि वे इतनी बड़ी रक़म जुटा सकें।

मानव सेवा ही सबसे बड़ी सेवा है। आप सबकी छोटी–सी सहायता से दिनेश को आधार मिल सकता है। आप सबसे विनम्र निवेदन है हमारे नगर के निवासी दिनेश की सहायता कर नयी ज़िंदगी प्रदान करें। सहृदय व्यक्ति 'दिनेश कुमार' के नाम से कैंसर पेशेन्ट्स एड एसोसिएशन, लाखजीवन मेमोरियल अस्पताल, समता उद्यान, पंतनगर–2 के पते पर राशि या चेक भेजकर उपकृत करें।

(नमूना-18)
किडनी दान के लिए अपील

(अपना पता)

दिनांक...............

सेवा में,

संपादक,

जनसत्ता,

मुम्बई।

प्रिय महोदय,

सविनय निवेदन है कि निम्नलिखित अपील अपने दैनिक पत्र में प्रकाशित कर कृतार्थ करें।

सधन्यवाद,

(अपना नाम)

संलग्न : अपील

किडनी दान हेतु

मेरे पिताजी सूर्यभान पिछले एक माह से अस्वस्थ है। उनका इलाज दीन दयाल अस्पताल में चल रहा है। डॉक्टरों के मुताबिक़ उनकी दोनों किडनी ख़राब हो चुकी हैं। इस दशा में उन्हें मदद की सख़्त आवश्यकता है। परोपकारी सज्जन यदि उदारतापूर्वक किडनी दान कर दें तो मेरे पिता के जीवन की रक्षा हो सकती है। सहृजन व्यक्ति (नेफ्रोलॉजी विभाग, दीन दयाल अस्पताल, दिल्ली) के पते पर मदद पहुँचा सकते हैं।

बीमा कम्पनियों से पत्र-व्यवहार

वर्तमान युग में सामान्य बीमा कम्पनियां एक व्यापारी की अत्यन्त निकट की सहयोगी मानी जाती हैं, क्योंकि ये कम्पनियों व्यापारी को दुर्घटना से हुई हानि की जोखिम में कमी करती है। अतः व्यापारी जीवन एवं सम्पत्ति की हानि से होने वाले आर्थिक नुक़सान की क्षतिपूर्ति हेतु बीमा करवाना एक आवश्यक कार्य समझता है। इस हेतु उसे बीमा कम्पनियों से पत्र-व्यवहार करना होता है। बीमा कम्पनी से पत्र-व्यवहार करने के प्रमुख कारण निम्नानुसार हो सकते हैं:—

1. जीवन एवं सम्पत्ति का बीमा करवाने हेतु पूछताछ का पत्र।
2. प्रीमियम सम्बन्धी पत्र-व्यवहार।
3. क्षतिपूर्ति प्राप्त करने सम्बन्धी पत्र-व्यवहार।

बीमा सम्बन्धी पत्र-व्यवहार के कुछ उदाहरण निम्नानुसार हैं—

(नमूना-1)
बीमा कम्पनी से पूछताछ करना
अजय पुस्तक भण्डार

फ़ोन : ....

18, नई सड़क, दिल्ली
दिनांक: 28 जनवरी, 20XX

सेवा में,

प्रबन्धक महोदय,
ओरिएण्टल बैंक इन्श्योरेन्स कं.,
चाँदनी चौक, दिल्ली।

मान्यवर,

मैं अपनी दुकान का बीमा करवाना चाहता हूँ। कृपया आवश्यक जानकारी भेजने का कष्ट करें।

अजय कुमार
प्रोप्राइटर-अजय पुस्तक भण्डार

डाकघर से पत्र-व्यवहार

व्यापारी को अनेक कारणों से डाकघर से पत्र–व्यवहार करना होता है। कभी अपनी किसी विशेष डाक के आने के सम्बन्ध में, कभी डाक नहीं मिलने के सम्बन्ध में, कभी पता बदलने सम्बन्धी अथवा कभी अन्य व्यापारिक कारणों अथवा शिकायत करने अथवा कठिनाई निराकरण हेतु। इन पत्र–व्यवहारों में व्यापारी को विनम्र भाषा का प्रयोग करना चाहिए तथा पत्र की भाषा स्पष्ट होनी चाहिए।

डाकघरों से पत्र–व्यवहार के कुछ नमूने निम्नानुसार हैं–

(नमूना-1)

वी.पी.पी. सम्बन्धित पत्र

आचार्य प्रकाशन

23/1 मेनरोड, गाँधी नगर, दिल्ली-31

दूरभाष :...................   दिल्ली, दिनांक..............

क्रमांक...................

सेवा में,

डाकघर अधिकारी,

11/9 मेन रोड,

गांधी नगर, दिल्ली।

महोदय,

मैंने रुपये 500/– (पाँच सौ रुपये) मात्र क़ीमत की पुस्तकें वी.पी.पी से बरेली भेजी थी, किन्तु पुस्तक सदन बरेली ने सूचित किया है कि वी.पी.पी उन्हें नहीं प्राप्त हुई है। कृपया इस बारे में छानबीन कराने का कष्ट करें।

वी.पी.पी मैंने दिनांक 4 मई, 20XX को की थी। रसीद की छायाप्रति इस पत्र के साथ संलग्न है।

आपका

विजय आचार्य

प्रोप्राइटर– आचार्य प्रकाशन

(नमूना–2)

पोस्ट बाक्स नम्बर हेतु पत्र

आचार्य प्रकाशन

(अपना पता)

दूरभाष........... दिनांक............

क्रमांक...........

सेवा में,

डाक अधीक्षक,

मुख्य डाकघर

कृष्णा नगर, दिल्ली।

महोदय,

मैं अपनी फ़र्म के लिए एक पोस्ट–बॉक्स नम्बर चाहता हूँ।

अतः पोस्ट–बॉक्स नम्बर प्राप्त करने के लिए मुझे क्या कार्यवाही करनी होगी, इसकी पूर्ण जानकारी प्रदान करने का कष्ट करें।

आपका

विजय आचार्य

प्रोप्राइटर– आचार्य प्रकाशन

(नमूना–3)

पता बदलने पर डाकघर को सूचना पत्र

(अपना पता)

दूरभाष.......... दिनांक.................

क्रमांक...........

सेवा में,

पोस्ट मास्टर,

दरियागंज, नई दिल्ली।

महोदय,

विनम्र निवेदन है कि मेरे मकान का पता बदल गया है और मैं नये स्थान पर रहने चला गया हूँ। पुराना और नया पता दोनों ही पते लिख रहा हूँ। नये पते में भी मेरा घर दरियागंज पोस्ट ऑफ़िस मे ही लगता है। कृपया भविष्य में मेरी डाक नये पते पर भेजने की व्यवस्था करें।

आपका

सुरेन्द्र पाल सिंह

(पुराना पता)

(नूमना-4)

डाक समय पर न मिलने पर शिकायती पत्र

(अपना पता)

दूरभाष............. दिनांक...............

सेवा में,

पोस्ट मास्टर,

जीपीओ, झांसी,

प्रिय महोदय,

मुझे यह लिखते हुए गहरा दुःख है कि कई बार पोस्ट ऑफ़िस आकर शिकायत करने के बाद भी मेरी डाक ठीक से वितरित नहीं हो रही है। नया पोस्टमैन मेरी डाक को यहाँ–वहाँ दे जाता है। वह डाक मुझे मिल तो जाती है, पर बहुत विलंब से मिलती है, जिससे कई बार तो मेरा कार्य ही बिगड़ जाता है और निर्धारित तिथियाँ निकलने के बाद मुझे सूचनाएँ मिलती हैं।

मैं एक बीमा एजेंट हूँ और डाक समय पर न मिलने से मुझे इस महीने ही एक लाख रुपये का नुक़सान हो चुका है। यदि समय पर कार्रवाई न की गयी तो मुझे उपभोक्ता फ़ोरम में शिकायत करनी पड़ेगी। अतः आपसे विनम्र निवेदन है कि कृपया यह समस्या सुलझाएं। अन्यथा मुझे कार्रवाई करनी पड़ेगी।

भवदीय

प्रकाश परमार

भर्ती सम्बन्धी पत्र-व्यवहार

भर्ती सम्बन्धी पत्र-व्यवहार का आशय

शासकीय कार्यालय हो अथवा अशासकीय कार्यालय, प्रत्येक कार्यालय, कार्यालय में कार्यरत अधिकारियों एवं कर्मचारियों से संचालित होता है।

अतः प्रत्येक कार्यालय को अपने कार्य हेतु कर्मचारियों की व्यवस्था करनी होती है। इस हेतु कार्यालय का अधिकारी, कर्मचारियों की भर्ती का विकल्प अपनाता है अथवा अन्य कार्यालयों में कार्यरत कर्मचारियों के स्थानान्तरण के विकल्प अपनाता है।

इसी प्रकार रोज़गार की तलाश में, नौकरी करने का इच्छुक व्यक्ति नौकरी पाने के लिए दो प्रकार से पत्र-व्यवहार करता है। एक तो, अपनी योग्यतानुसार पदों हेतु स्वप्रेरणा से विभिन्न कार्यालयों एवं संस्थाओं में आवेदन करता है अथवा विभिन्न कार्यालयों एवं संस्थाओं द्वारा रिक्त पदों की सूचना जारी होने पर आवेदन करता है।

भर्ती सम्बन्धी पत्रों के प्रकार

भर्ती सम्बन्धी पत्र-व्यवहार रिक्त पदों की पूर्ति हेतु सूचना जारी करने से नियुक्ति-पत्र देने तक जारी रहता है। भर्ती की पूर्ण प्रक्रिया में लिखे जाने वाले पत्रों को उनमें वर्णित कथन के आधार पर निम्नानुसार विभिन्न प्रकारों में वर्णित किया जा सकता हैः–

- ☐ रिक्त पदों की भर्ती हेतु सूचना।
- ☐ रिक्त पदों की भर्ती हेतु सूचना जारी करने हेतु संचार माध्यमों से पत्र-व्यवहार।
- ☐ आवेदन-पत्र।
- ☐ साक्षात्कार/लिखित परीक्षा की सूचना।
- ☐ चयनित उम्मीदवारों के सम्बन्ध में जाँच सम्बन्धी पत्र।
- ☐ चयन की सूचना।
- ☐ नियुक्ति-पत्र

रिक्त पदों की भर्ती हेतु सूचना

कार्यालय में जब यह निश्चित कर लिया जाता है कि किन-किन पदों पर भर्ती करना है एवं इन पदों पर किस प्रकार के एवं किन-किन योग्यताओं वाले उम्मीदवारों को भर्ती करना है, तब एक सूचना भर्ती के इच्छुक उम्मीदवारों के लिए जारी की जाती है। यह सूचना अत्यन्त सावधानी से तैयार करनी चाहिए। इस सूचना को तैयार करते समय निम्न बातों को विशेष रूप से ध्यान रखना चाहिएः–

- ☐ सूचना जारी करने वाले कार्यालय का पूर्ण एवं स्पष्ट पता लिखना चाहिए।
- ☐ सूचना जारी करने वाले अधिकारी का पदनाम एवं कार्यालय के किस उपविभाग द्वारा सूचना जारी की गयी है, इसका स्पष्ट उल्लेख करना चाहिए।
- ☐ जिन पदों के लिए सूचना जारी की जा रही है, उन पदों की संख्या, पदनाम एवं पदस्थापना-क्षेत्र का भी स्पष्ट उल्लेख करना चाहिए।
- ☐ आवेदन-पत्र का प्रारूप, आवेदन भेजने की विधि, आवेदन भेजने की अन्तिम तिथि एवं आवेदन भेजने का पता भी लिखना चाहिए।

- उम्मीदवार की न्यूनतम अनिवार्य शैक्षणिक एवं अन्य योग्याताएँ, अनुभव एवं आरक्षण सम्बन्धी नियमों का भी उल्लेख करना चाहिए।

रिक्त पदों की भर्ती हेतु सूचना के कुछ नमूने निम्नलिखित हैं:–

(नमूना-1)
आवश्यकता है

वाणिज्य व्याख्याता–पद की संख्या 05 कैरियर कॉमर्स कॉलेज, महाराणा प्रताप नगर, भोपाल में वाणिज्य विषय के व्याख्याता–पद पर कार्य करने के इच्छुक उम्मीदवारों से आवदेन–पत्र आमन्त्रित किये जाते हैं उम्मीदवार की वांछित योग्यता: वाणिज्य विषय में स्नातकोत्तर उपाधि प्रथम श्रेणी में, आयु सीमा–न्यूनतम 21 वर्ष एवं अधिकतम 35 वर्ष

इच्छुक उम्मीदवार अपने आवदेन–पत्र दिनांक 20 जनवरी, 20XX तक कैरियर कॉमर्स कालेज, 24, महाराणा प्रताप नगर, भोपाल को भेज दें।

अन्तिम तिथि के बाद प्राप्त आवेदन–पत्रों पर विचार नहीं किया जायेगा।

दिनांक..................

प्राचार्य
कैरियर कामर्स कॉलेज,
भोपाल

(नमूना-2)
आवश्यकता है - कार्यालय सहायक

हमारे दिल्ली ब्रान्च ऑफ़िस हेतु एक मेहनती व ईमानदार कार्यालय सहायक की आवश्यकता है। अधिकतम आयु 40 वर्ष, हिन्दी एवं अँग्रेज़ी टाइपिंग एवं शार्टहैण्ड का ज्ञान आवश्यक है। वेतन योग्यतानुसार। सम्पूर्ण जानकारी के साथ लिखें। पोस्ट बॉक्स नंबर 7890, नारीमन प्वाइंट, मुम्बई।

रिक्त पदों की भर्ती हेतु सूचना जारी करने के लिए संचार माध्यमों से पत्र-व्यवहार

विभिन्न कार्यालयों एवं व्यापारिक तथा गैर व्यापारिक संस्थानों द्वारा विभिन्न सूचनाएँ एवं विज्ञापन समय-समय पर समाचार-पत्रों, पत्रिकाओं, रेडियो, टी.वी. इत्यादि पर प्रसारित करवाये जाते हैं। इसके लिए उपर्युक्त वर्णित विभिन्न संचार-माध्यमों से सूचना एवं विज्ञापन जारी करने की दरें मंगाई जाती है एवं कार्यालय की आवश्यकता, वित्तीय स्थिति को ध्यान में रखते हुए किसी एक अथवा एक से अधिक संचार-माध्यमों को सूचना अथवा विज्ञापन जारी करने का आदेश दिया जाता है। विभिन्न संचार-माध्यमों से दरें मंगवाते समय इस बात का ध्यान रखना चाहिए कि जिस सूचना एवं विज्ञापन को जारी करना है उसका विवरण देते हुए दरें माँगी जाये। साथ ही, संचार-माध्यम से यह आग्रह करना चाहिए कि वह उसके प्रकाशन एवं प्रसारण की दरों का पूर्ण विवरण भी भेजें।

विभिन्न संचार-माध्यमों से पत्र-व्यवहार के कुछ नमूने निम्नानुसार हैं:-

(नमूना-1)

जयको मोटर्स
(दुपहिया वाहनों एवं कार के प्रमुख विक्रेता)

दूरभाष...........

34, मोतीनगर, नई दिल्ली
दिनांक-18 फ़रवरी, 20XX

क्रमांक-2012/विज्ञा./135

सम्पादक/विज्ञापन प्रबन्धक,

नवभारत टाइम्स,

7, बहादुरशाह ज़फ़र मार्ग,

नई दिल्ली।

विषय:- विज्ञापन की दरें।

महोदय,

हमारे संस्थान के विभिन्न विज्ञापन एवं सूचनाएँ समय-समय पर प्रमुख समाचार-पत्रों में प्रकाशित की जाती हैं।

आपके समाचार-पत्र के विभिन्न पृष्ठों के स्थान अनुसार विज्ञापन-दरें हमें भेजने का कष्ट करें, ताकि हम आपके समाचार-पत्र को भी अपने विज्ञापन-प्रकाशन विभाग की सूची में शामिल कर सकें।

साथ ही, आग्रह है कि यदि आपके समाचार-पत्रों के दैनिक अंकों के साथ विभिन्न विशेषांकों के सम्बन्ध में भी विज्ञापन-दरों का विस्तृत विवरण हमें भेजेंगे तो आपके साथ व्यवहार करने में हमें सुविधा होगी।

धन्यवाद,

आपका
नीरज सारस्वत
मैनेजर, जयको मोटर्स

(नमूना-2)

आरती वस्त्रालय

(साड़ी निर्माता एवं विक्रेता)

दूरभाष नं. ....

(अपना पता)

दिनांक........

क्रमांक...........

निदेशक,

दूरदर्शन केन्द्र, बड़ौदा,

बड़ौदा (गुजरात)

विषय:- विज्ञापन-दरें।

महोदय,

हमारे उत्पाद रंगबिरंगी साड़ियों का विज्ञापन हम दूरदर्शन के विभिन्न केन्द्रों से एवं अखिल भारतीय स्तर दूरदर्शन के क्र. 1 चैनल पर करना चाहते हैं। इस सम्बन्ध में विज्ञापन की दरें हमें भेजने का कष्ट करें, ताकि हम अपना विज्ञापन आपके माध्यम से प्रसारण करने के आदेश जारी कर सकें।

आपका

धीरेन्द्र भाटिया

मैनेजर, आरती वस्त्रालय

प्रार्थनापत्र / आवदेन पत्र

आशय:- प्रार्थनापत्र हमारी इच्छा एवं व्यक्तिगत परिचय तथा योग्यताओं के सन्देशवाहक होते हैं। वे निकट अथवा दूर स्थित व्यक्ति को हमारा संदेश देते हैं तथा इस बात के लिए प्रेरित करते हैं कि वह भी हमारे विषय में सोचे, विचार करे तथा जिस कामना एवं आकांक्षा को लेकर उसे पत्र लिखा गया है, उसे पूरा करने के लिए उसके मन में हमारे प्रति अच्छा भाव पैदा हो।

प्रार्थनापत्र से आशय:- प्रार्थनापत्र अथवा आवेदनपत्र से आशय ऐसे पत्र से है, जिसे पत्र-लेखक किसी संस्थान में रोज़गार अथवा प्रवेश पाने के लिए अथवा किसी संस्थान अथवा व्यक्ति से कोई सामग्री, सुविधा अथवा अनुमति प्राप्त करने हेतु लिखता है।

प्रार्थनापत्र के प्रकार :-

- ❑ रोज़गार / नौकरी हेतु प्रार्थनापत्र
- ❑ प्रवेश हेतु प्रार्थनापत्र
- ❑ सुविधा प्रदान करने हेतु प्रार्थनापत्र
- ❑ सामग्री प्रदान करने हेतु प्रार्थनापत्र
- ❑ अनुमति प्रदान करने हेतु प्रार्थनापत्र
- ❑ प्रमाण पत्र प्रदान करने हेतु प्रार्थनापत्र
- ❑ उचित निर्णय हेतु प्रार्थनापत्र

रोज़गार / नौकरी हेतु प्रार्थनापत्र

आशय :- रोज़गार हेतु प्रार्थनापत्र से आशय उस पत्र से है, जिसके माध्यम से कोई व्यक्ति किसी संस्थान में नियुक्ति पाने हेतु आवेदन करता है। इसे आवेदन पत्र भी कहते हैं।

रोज़गार सम्बन्धी आवेदनपत्रों को किसी विज्ञापन अथवा सूचना के आधार पर लिखा जाता है तथा आरम्भ से ही यह उल्लेख भी कर दिया जाता है कि यह आवेदनपत्र किसी समाचार-पत्र में प्रकाशित विज्ञापन, परिपत्र, सूचना अथवा किसी व्यक्ति की प्रेरणा से लिखा जा रहा है।

रोज़गार हेतु आवदेनपत्र लिखते समय ध्यान देने योग्य बातें :-

यह ध्यान रखना चाहिए कि अच्छी तरह से लिखा गया आवेदनपत्र रोज़गार दिलाने में महत्त्वपूर्ण भूमिका निभाता है। इसके विपरीत अस्पष्ट एवं लापरही से लिखा गया आवेदनपत्र नौकरी मिलने की सम्भावनाओं को कम कर सकता है। अतएव यह आवश्यक है कि आवेदनपत्र लिखने के पूर्व एवं लिखते समय कुछ बातें ध्यान में रखी जाये। ध्यान देने योग्य बातें निम्नलिखित हैं।

- ❑ आवदेनपत्र अच्छे सफ़ेद काग़ज़ पर लिखा जाना चाहिए।
- ❑ आवदेनपत्र शुद्धता एवं स्वच्छता से टाइप किया हुआ होना चाहिए।
- ❑ आवदेनपत्र काग़ज़ के एक ओर ही लिखा जाना चाहिए।
- ❑ आवदेनपत्र में ऊपर, नीचे दायें व बायें उचित हाशिया छोड़कर लिखना चाहिए।
- ❑ आवदेनपत्र जिस स्थान पर भेजा जा रहा है उसका पता स्पष्ट एवं पूर्ण लिखना चाहिए।
- ❑ पद हेतु चाही गयी योग्यताओं में से जो-जो योग्यताएँ आपके पास है, उसका पूर्ण वर्णन करना चाहिए।
- ❑ आवदेनपत्र में शब्दों के संक्षिप्त रूपों का प्रयोग नहीं करना चाहिए।

- ❑ व्याकरण सम्बन्धी त्रुटि नहीं होनी चाहिए।
- ❑ आवेदनपत्र की जिन बातों की ओर विशष ध्यान आकर्षित करना चाहते हो, उसे रेखांकित कर देना चाहिए।
- ❑ आवेदनपत्र की कार्बन प्रतिलिपि नही भेजनी चाहिए।
- ❑ आवदेनपत्र में सब जानकारियाँ अवश्य लिखनी चाहिए जो विज्ञापन में माँगी गयीं हैं।
- ❑ आवदेनपत्र में अपनी योग्यताओं एवं सम्पर्कों का अतिरंजित वर्णन नहीं करना चाहिए।
- ❑ यदि आवेदनपत्र के साथ ड्राफ़्ट अथवा पोस्टल ऑर्डर संलग्न करना है तो उसके पीछे अपना नाम एवं पता अवश्य लिखना चाहिए।
- ❑ यदि आवेदनपत्र के साथ फ़ोटोग्राफ़ लगााना है तो फोटोग्राफ़ के पीछे अपना नाम एवं पता अवश्य लिखना चाहिए।
- ❑ यदि आवेदनपत्र निर्धारित छपे हुए प्रारूप में भेजने हेतु निर्देशित किया गया है तो उसी प्रारूप में ही भेजना चाहिए। हाथ से तैयार किये गये प्रारूप का उपयोग नहीं करना चाहिए।
- ❑ जब तक स्पष्ट निर्देश नहीं हो, प्रमाणपत्रों की मूल प्रतियां आवेदनपत्र के साथ संलग्न नहीं करनी चाहिए।
- ❑ यदि आवेदक किसी नौकरी में है तथा आवेदनपत्र भेजने के सम्बन्ध में ऐसा कहा गया है कि आवदेनपत्र नियोक्ता के माध्यम से भेजें, तो ऐसी परिस्थिति में आवेदनपत्र की अग्रिम प्रति स्वयं भेजनी चाहिए एवं औपचारिक आवदेनपत्र नियोक्ता के माध्यम से भिजवाना चाहिए।

आवेदनपत्रों के कुछ नमूने निम्नलिखित हैं:–

(नमूना–1)

सेल्समैन पद के लिए आवेदनपत्र

सेवा में,

रंगारंग वस्त्र निर्माता,

45, राजवाड़ा इन्दौर।

विषय : विक्रय-अभिकर्ता के पद हेतु आवेदनपत्र

मान्यवर,

सादर नमस्कार!

मुझे विश्वसनीय माध्यम से ज्ञात हुआ है कि आप अपने प्रमुख उत्पाद रंगारंग साड़ी के लिए विक्रय अभिकर्ता (सेल्स एग्जीक्यूटिव) की नियुक्ति भोपाल संभाग (शाखा) के लिए करना चाहते हैं। अतएव, उक्त पद के लिए मैं इच्छुक हूँ। तैयार वस्त्रों एवं साड़ियों के विक्रय–प्रतिनिधि के रूप में मुझे कार्य करने का विगत पाँच वर्षों का अनुभव है। इस हेतु मेरा परिचय निम्नानुसार है:–

नाम : निर्भय सिंह

पता : (अपना पता)

अनुभव : (1) राजेश वस्त्रालय, इन्दौर के तैयार वस्त्रों का विक्रय प्रतिनिधि

दिनांक........से दिनांक............तक

(2) राजकुमार मिल्स, सूरत की साड़ियों का विक्रय कार्य

दिनांक.........से दिनांक............तक

आशा है कि आप मुझे सेवा का अवसर अवश्य प्रदान करेंगे।

दिनांक.............   आपका

निर्भय सिंह

संलग्न :– (1) राजेश वस्त्रालय से प्राप्त अनुभव–प्रमाणपत्र की छायाप्रति (फ़ोटोस्टेट कापी)।

(2) राजकुमार मिल्स, सूरत से प्राप्त प्रशंसापत्र की छायाप्रति (फ़ोटोस्टेट कापी)।

(नमूना–2)
लेखाकार पद के लिए आवेदनपत्र

सेवा में,

के. पी. पब्लिशर्स

26 / 2 दरिया गंज

नई दिल्ली।

विषय:- लेखाकार पद हेतु आवेदनपत्र

माननीय महोदय,

दैनिक भास्कर समाचार–पत्र के दिनांक 1 जनवरी, 20xx के पत्र में प्रकाशित विज्ञापन से ज्ञात हुआ है कि आपकी फर्म में लेखाकार के कुछ पद रिक्त हैं। मेरा यह आवेदनपत्र उक्त पद के लिए है। मेरी योग्यताओं तथा अनुभवों का विवरण निम्न प्रकार है:–

नाम	:	गौरव गुप्ता
पिता का नाम	:	श्री धीरज लाल गुप्ता
पता	:	120, अर्चना अपार्टमेंट,
		पश्चिम विहार, नई दिल्ली।
जन्मतिथि	:	20 नवम्बर, 1980
शैक्षिक योग्यता	:	(1) बी. कॉम, दिल्ली विश्वविद्यालय, दिल्ली।
		(2) एम. कॉम दिल्ली विश्वविद्यालय, दिल्ली।

| अनुभव | : | मैंने राहत बुक स्टाल, सरोजनी नगर, दिल्ली में सन्... |

.....से सन्.............तक लेखाकार का कार्य किया है।

मुझे आशा है कि आप मेरी शैक्षिक योग्यता एवं अनुभव को ध्यान में रखते हुए अपनी फर्म में कार्य करने का सुअवसर प्रदान करेंगे। मैं आपको विश्वास दिलाता हूँ कि मैं आपको अपने कार्य से पूर्ण सन्तुष्ट कर सकूँगा।

दिनांक.................

भवदीय

गौरव गुप्ता

संलग्नः– (1) बी. कॉम एवं एम. कॉम. की अंकसूचियों की छायाप्रतियाँ।

(2) राहत बुक स्टॉल से प्राप्त अनुभव प्रमाणपत्र की छायाप्रतियां।

लिखित परीक्षा/साक्षात्कार की सूचना

विभिन्न पदों के लिए आवेदकों को आवेदनपत्र प्राप्त होने के बाद कार्यालय द्वारा जाँच इत्यादि की प्रक्रिया पूर्ण करके उम्मीदवारों को लिखित परीक्षा अथवा साक्षात्कार की सूचना भेजी जाती है।

यदि आवेदकों की संख्या अधिक नहीं होती है, तो समान्यतया चयन के लिए साक्षात्कार का ही विकल्प अपनाया जाता है। आवेदकों की अधिक संख्या होने पर पहले लिखित परीक्षा, तत्पश्चात् साक्षात्कार लिया जाता है। कहीं–कहीं लिखित परीक्षा एवं साक्षात्कार दोनों ही पद्धतियों का प्रयोग चयन हेतु किया जाता है।

लिखित परीक्षा एवं साक्षात्कार की सूचना के नमूने निम्नानुसार हैं:–

(नमूना-1)

अनमोल वस्त्र-भण्डार
(आधुनिक परिधान एवं साड़ियो के निर्माता)
45, चाँदनी चौक, दिल्ली।

दूरभाष...............ईमेलः.................................

क्रमांक–साक्षा. /2012/15

विषयः साक्षात्कार की सूचना

प्रिय रवि तिवारी,

आपके दिनांक.............के आवेदनपत्र के सन्दर्भ में यह सूचित किया जाता है कि आप दिनांक..... ....को दोपहर 12 बजे हमारे कार्यालय पर अपने शहर के दो प्रमुख व्यावसायियों से अपना परिचय सम्बन्धी पत्र लेकर हमारे मुरादाबाद संभाग (शाखा) के लिए हमारे उत्पाद (साड़ियाँ) के विक्रय–अभिकर्ता पद हेतु साक्षात्कार के लिए उपस्थित हों।

रूपेश कुमार

अनमोल वस्त्र भण्डार

दिल्ली।

(नमूना-2)

कार्यालय - प्राचार्य शासकीय महाविद्यालय, देवास (म. प्र.)

क्रमांक–साक्षा. / 2012 / 134 देवास, 2 फरवरी, 20XX

श्री अखिलेश त्रिपाठी
56, सेठी नगर,
उज्जैन।

विषयः लिखित परीक्षा एवं साक्षात्कार की सूचना

आपके आवदेन पत्र दिनांक.....................के सन्दर्भ में सूचित किया जाता है कि व्याख्याता (अँग्रेज़ी) पद हेतु लिखित परीक्षा एवं साक्षात्कार निम्न सारणी में वर्णन अनुसार आयोजित किया गया है। आप अपने समस्त मूल प्रमाणपत्र एवं समस्त मूल प्रमाणपत्रों की एक–एक सत्यापित छायाप्रति के साथ इस कार्यालय में उपस्थित हों। इस हेतु आपको कोई यात्रा–व्यय इत्यादि नहीं दिया जायेगा।

व्याख्याता (अंग्रेज़ी) पद लिखित परीक्षा एवं साक्षात्कार कार्यक्रम–

लिखित परीक्षा की तिथि– 3 मार्च, 20XX समय– प्रातः 10 बजे से 12 बजे
साक्षात्कार की तिथि– 3 मार्च, 20XX समय–दोपहर 2 बजे

प्राचार्य
महाविद्यालय, देवास

चयनित उम्मीदवारों के सम्बन्ध में जाँच सम्बन्धी पत्र

लिखित परीक्षा एवं साक्षात्कार के आधार पर चयनित उम्मीदवारों की कार्यक्षमता, विश्वसनीय एवं पिछले रिकार्ड की जाँच हेतु उनके द्वारा दिये गये सन्दर्भों के माध्यम से अथवा कार्यालय द्वारा किसी अन्य माध्यमों से उम्मीदवारों की साख एवं पूर्व की स्थिति के सम्बन्ध में जाँच की जाती है। इस हेतु जो पत्र–व्यवहार कार्यालय द्वारा किया जाता है, उसे चयनित उम्मीदवारों के सम्बन्ध में जाँच–सम्बन्धी पत्र–व्यवहार कहा जाता है।

जाँच सम्बन्धी पत्र के नमूने निम्नानुसार हैः–

(नमूना-1)

जानकारी सम्बन्धी पत्र

रघु किचन–बरतन भण्डार
;बरतनों के व्यापारीद्ध

दूरभाष नं................ 20, पटनी बाज़ार, उज्जैन,
दिनांक–2 अप्रैल, 2012

क्रमांक–1289

सेवा में,

श्री गणेश बरतन भण्डार,

माधव नगर,

इन्दौर।

विषय: श्री प्रदीप शर्मा के बारे में जानकारी

प्रिय महोदय,

हमारी फ़र्म में सेल्समैन पद के लिए श्री प्रदीप शर्मा ने आवेदन किया है। उनके आवेदनपत्र को देखने से ज्ञात हुआ है कि कुछ समय पूर्व उन्होंने आपकी फ़र्म में कार्य किया है। हमें अत्यन्त प्रसन्नता होगी यदि आप उनकी कार्यकुशलता एवं विश्वसनीयता के बारे में हमें सूचित करेंगे। आपके द्वारा दी गयी जानकारी गोपनीय रखी जायेगी।

कष्ट के लिए क्षमा।

आपका
रघुनाथ सिंह
रघु किचन–बरतन भण्डार

(नमूना-2)
जाँच सम्बन्धी पत्र

शिक्षा प्रकाशन, इन्दौर
सदर बाज़ार, इन्दौर

दूरभाष नं.................. 23, सदर बाज़ार, इंदौर

क्रमांक–183 दिनांक–5 मई, 2012

सेवा में,

मेसर्स रामा बुक डिपो,
नई सड़क,
खण्डवा।

प्रियवर,

श्री सचिन वर्मा ने हमारे यहाँ लेखाकार पद पर कार्य करने हेतु आवेदन दिया है। उन्होंने सन्दर्भ के लिए आपका नाम दिया है।

कृपया हमें सूचित करने का कष्ट करें कि आपकी जानकारी एवं आपकी राय में उन्हें उक्त पद पर नियुक्ति देनी चाहिए अथवा नहीं।

आपकी अति कृपा होगी यदि आप अपेक्षित सूचना हमें जल्द–से–जल्द भेजने का कष्ट करेंगे।

धन्यवाद,

आपका
वीरेन सक्सेना
शिक्षा प्रकाशन, इन्दौर

चयन की सूचना

लिखित परीक्षा, साक्षात्कार एवं अन्य जाँच के परिणामों से सन्तुष्ट होने पर चयनकर्ता चयनित उम्मीदवारों को उनके चयन होने की सूचना देता है। इसी के साथ इस सूचना में यह भी उल्लेख रहता है कि नियुक्ति आदेश इसके उपरान्त भेजा जायेगा, यह केवल चयन की सूचना है। कभी–कभी चयन की सूचना के साथ यह भी लिख दिया जाता है कि अमुक दिनांक तक यदि नियुक्ति आदेश प्राप्त नहीं होता है, तो अमुक पते पर सम्पर्क करें।

चयन की सूचना का नमूना निम्नानुसार है :–

(नमूना-1)

सरस्वती पब्लिशिंग हाउस
नई सड़क, दिल्ली

दूरभाष.........   दिल्ली, दिनांक—12 जून, 2012

श्री सत्यनारायण शर्मा,
दरिया गंज, दिल्ली।

प्रिय महोदय,

आपके आवेदनपत्र, दिनांक........ के सन्दर्भ में आपको सूचित किया जाता है कि हमारी नयी ब्रांच कल्याण मुम्बई के शाखा प्रबन्धक हेतु आपका चयन किया जाता है।

नियुक्ति-आदेश इस माह के अन्त तक आपको भेजा जायेगा।

सुरेश गर्ग,
सरस्वती पब्लिशिंग हाउस
दिल्ली।

नियुक्ति-पत्र

जब किसी व्यक्ति अथवा संस्था को किसी व्यक्ति अथवा संस्था द्वारा किसी कार्य के लिए अथवा किसी पद पर नियुक्त किया जाता है, तो इस आशय का एक पत्र नियुक्त होने वाले व्यक्ति अथवा संस्था को दिया जाता है, इस पत्र को नियुक्ति-पत्र कहते हैं।

इसमें शर्तें एवं परिस्थितियों का उल्लेख हो सकता है।

नियुक्ति-पत्र के अंग

- ☐ नियुक्ति देने वाले कार्यालय का नाम।
- ☐ नियुक्ति पाने वाले व्यक्ति का नाम।
- ☐ उस पद का नाम जिस पद पर नियुक्त किया गया हो।
- ☐ मिलने वाले वेतन, भत्ते एवं अन्य भुगतानों की जानकारियां।
- ☐ सेवा नियमों का नाम अथवा विवरण।
- ☐ नियुक्ति दिनांक।
- ☐ नियुक्ति की अवधि।
- ☐ नियुक्ति का प्रकार—स्थायी, अस्थायी अथवा परिवीक्षा पर।
- ☐ पदभार ग्रहण करने हेतु निर्धारित अवधि।
- ☐ पदभार ग्रहण करने का स्थान।

(नमूना–1)

कार्यालय–प्राचार्य, शासकीय महाविद्यालय, सागर (म.प्र.)

क्रमांक/नियुक्ति/2012/16   सागर, दिनांक 23 जून, 20XX

नियुक्ति-आदेश

श्री अजय अग्रवाल की नियुक्ति इस कार्यालय में सहायक ग्रेड के पद पर की जाती है। इनका वेतनमान रु. 10000–100–15000 रहेगा। इस पत्र के जारी करने की तिथि से 14 दिनों के अन्दर इन्हें पदभार ग्रहण करना होगा।

पदभार ग्रहण करने से एक वर्ष की अवधि इनकी परिवीक्षा अवधि रहेगी।

हस्ताक्षर
प्राचार्य
शासकीय महाविद्यालय, सागर

(नमूना–2)

आर्य प्रकाशन

55, हवामहल रोड, जयपुर

दूरभाष.......   जयपुर, दिनांक.............
क्रमांक– 34

श्री आकाश शर्मा
15, नया बाज़ार
जयपुर

महोदय,

आपकी नियुक्ति हमारी फ़र्म में विक्रय प्रतिनिधि के पद पर की जाती है। आपको प्रतिमाह 10,000 रुपये वेतन के रूप में दिये जायेंगे।

आपकी नियुक्ति, आपके पदभार ग्रहण करने से एक वर्ष की अवधि के लिए की गयी है। आप कृपया दिनांक.................के पूर्व पदभार ग्रहण करें, अन्यथा यह नियुक्ति स्वतः रद्द हो जायेगी।

हस्ताक्षर
मैनेजर, असीम राठी
आर्य प्रकाशन

73

अन्त में....

हमें विश्वास है कि प्रस्तुत पुस्तक से आपकी सामाजिक एवं सार्वजनिक पत्र सम्बन्धी सम्पूर्ण जिज्ञासाओं का समाधान हो गया होगा। पत्र-लेखन के दूसरे प्रारूप की जानकारी के लिए आप हमारे यहाँ से पत्र-लेखन सम्बन्धी दूसरी पुस्तक लेकर अपने ज्ञान में वृद्धि कर सकते हैं।

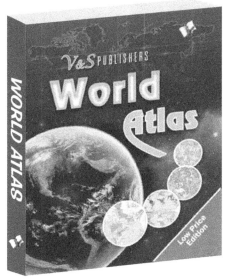

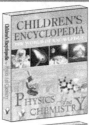

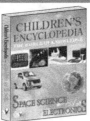
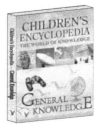

प्रश्नोत्तरी की पुस्तकें

रहस्य

ड्राइंग बुक्स

उद्धरण/सूक्तियाँ

आत्म कथाएं

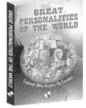
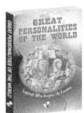

पहेलियां

एक्टिविटीज बुक

हमारी सभी पुस्तकें www.vspublishers.com पर उपलब्ध हैं

बच्चों की कहानियाँ

कथा एवं कहानियाँ

All Books Fully Coloured

Gift Pack

हिन्दी साहित्य

हमारी सभी पुस्तकें www.vspublishers.com पर उपलब्ध हैं

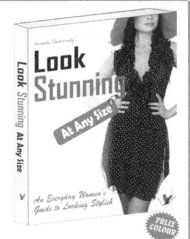

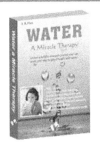

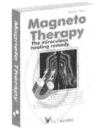

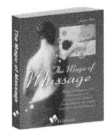

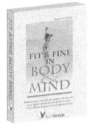